Karl Schumacher

Eine pränestinische Ciste im Museum zu Karlsruhe

Karl Schumacher

Eine pränestinische Ciste im Museum zu Karlsruhe

ISBN/EAN: 9783743380684

Hergestellt in Europa, USA, Kanada, Australien, Japan

Cover: Foto ©ninafisch / pixelio.de

Manufactured and distributed by brebook publishing software (www.brebook.com)

Karl Schumacher

Eine pränestinische Ciste im Museum zu Karlsruhe

Grossherzogliche Vereinigte Sammlungen zu Karlsruhe.

Eine pränestinische Ciste

im

Museum zu Karlsruhe.

Beiträge zur italischen Kultur- und Kunstgeschichte

von

Karl Schumacher.

Heidelberg.
Verlag von August Siebert
1891.

Vorwort.

Das archäologische Material, welches ich im folgenden verarbeitet habe, kenne ich grösstenteils, wenigstens soweit es in Deutschland und Italien ist, vom Augenscheine. Wo daher meine Angaben von den bisherigen Beschreibungen abweichen oder noch nicht veröffentlichte Gegenstände betreffen, beruhen sie auf den vor den Originalen selbst gemachten Beobachtungen und Notizen. Für die dabei von den deutschen und italienischen Museumsvorständen und Gelehrten erfahrenen vielfachen Unterstützungen sage ich auch an diesem Orte nochmals meinen Dank. Namentlich hatte Herr Professor W. Helbig in Rom die Güte, eine Reihe meiner Anliegen in entgegenkommendster Weise zu erledigen. Vor allem aber bin ich meinem verehrten Lehrer, Herrn Professor von Duhn in Heidelberg, zu aufrichtigem Danke verpflichtet, welcher mich zuerst zu solchen „Streifzügen durch die Morgennebel Altitaliens" rüstete, und an dessen Seite ich zweimal den grössten Teil der italienischen Museen zu durchwandern das Glück gehabt habe. Er hat durch Rat und That diese Publikation gefördert.

Karlsruhe, im Mai 1891.

Karl Schumacher.

Die Bronzeciste, welcher die folgenden Blätter gelten, wurde im Jahre 1888 von einem Freunde des Altertums im römischen Kunsthandel erworben und den Grossherzoglichen Sammlungen in Karlsruhe zum Geschenke gemacht. Dieselbe war noch teilweise von einer Oxydschicht überzogen, nach deren Entfernung sich die Zeichnung erst völlig erkennen liess. Griff und Füsschen waren abgelöst. Als Fundort wurde Praeneste genannt.

Einen vorläufigen Bericht über dieselbe habe ich im Arch. Anzeiger 1890 S. 6 No. 5 und im Katalog der Karlsruher Bronzen[1]) unter No. 256 gegeben.

I.

1. **Beschreibung der Form und Verzierung.**
(Vgl. Tafel I—III).

Die Ciste besteht aus einem cylinderförmigen Behälter, einem übergreifenden Deckel mit figürlich gestaltetem Griffe und drei gleichfalls verzierten Füsschen.

Der cylindrische Körper ist 0,255 m hoch und hat oben einen Durchmesser von 0,237—0,242 m; er zeigt also nicht ganz kreisrunden Querschnitt. Die Wandung ist aus sehr elastischem, etwa 1,5 mm dickem Bronzeblech in einem Stück (ohne Naht) getrieben. Der etwas stärkere Boden ist mit concentrischen, abwechselnd nach aussen und innen erhabenen Ringen geschmückt und steht wenig über den cylindrischen Teil vor; eine wulstartige Umbiegung bildet die Vermittlung; eine Lötungsstelle ist nicht wahrnehmbar. In etwa Handbreite unter dem oberen Rand (0,065 m) sind acht hufförmige Scheibchen

---

1) Schumacher, Beschreibung der Sammlung antiker Bronzen. Karlsruhe 1890. (J. Bielefeld).

durch Splinte befestigt, in deren Ösen zumteile noch die Ringchen hängen (sechs); die Kettchen, welche sie ursprünglich verbunden hatten, fehlen.

Feine Gravierungen bedecken die ganze Fläche des Cylinders, ausgenommen einen schmalen (12 mm) Streifen am obern Rand, über den der Deckel weggeht. Die Anordnung der Verzierung ist eine derartige, dass den grösseren Teil der Cylinderfläche eine bildliche Darstellung einnimmt, die oben und unten von einem ornamentalen Friese umgeben wird.

Wir betrachten zunächst den 0,15 m breiten Hauptstreifen. Zwei sich entsprechende Säulen scheinen einen besondern Raum abzugrenzen. Innerhalb desselben steht auf kurzer Säule ein Becken, in das aus einem Löwenkopf Wasser rieselt. Zu beiden Seiten desselben sehen wir nackte und bekleidete Frauen, die augenscheinlich mit der Toilette beschäftigt sind. Die eine fängt mit der Rechten einen Wasserstrahl auf, während ihre Linke das nach vorn herabhängende Haar umfasst, wie um es auszupressen. Eine zweite durchkämmt mit den Fingern die seitlich herabhängende Haarsträhne. Die zu äusserst links stehende beschaut sich in einem mit einer geflügelten Figur verzierten Handspiegel und hält in der gesenkten Rechten ein Stäbchen. Die bekleidete vor ihr mag eben ihr Urteil oder einen Wink über die Verschönerungskunst gegeben haben, während eine fünfte im Begriff ist, ihr mantelartiges Gewand vollends abzulegen oder umzuhängen. Alle sind reichlich geschmückt mit Ohr- und Armringen und Halsbändern mannigfaltigster Art. An der Wand hängt eine Binde, und am Boden stehen zwei Geräte, von denen das eine offenbar selbst eine Ciste ist.

Die zuletzt erwähnte Frau in der Nähe der rechten Säule wendet ihr Gesicht nach aussen, als ob sie da etwas bemerke. Und in der That ist es nicht geheuer. Rechts und links hat sich den Säulen ein Silen genaht, die beide mit Spannung das sich ihnen bietende Bild verfolgen. Es sind schon zwei ältere Burschen, namentlich der linke, der in das höchste Staunen geraten ist, während der rechte etwas jüngere mehr thätlich eingreifen zu wollen scheint. Die beiden sind durch Schweinsohren, Stülpnase, die unedle runzelige Stirn, hervorquellende Augen, borstigen Bart und Pferdeschwanz charakterisiert und tragen über den Rücken herabfallende und um den Hals geknotete Felle, der ältere auch Schuhe. — Zwischen ihnen gewahrt man einen Zug von drei Männern und einer Frau. Der vorderste, ein älterer bärtiger Mann in hohen Schnürschuhen und langem mäandergeschmücktem Gewande, das nur die rechte Brustseite und den linken Arm freilässt, hält in der Linken einen dicken, fast baumartigen Stengel mit Epheu- oder Weinblättern. Ihm folgt ein nackter Jüngling, dessen Mantel am Hals durch eine runde Scheibe festgemacht ist und im Rücken herabwallt. Er hält seine Linke dicht über der rechten Schulter des voranschreitenden Alten, seine Rechte ist schräg abwärts gestreckt. Hinter ihm steht ein anderer Jüngling mit übereinandergeschlagenen Beinen, auf einen Speer gestützt. Er unterscheidet sich noch durch hohe Schnürschuhe und das über die linke Schulter geworfene und im Rücken herabfallende Gewand. Unmittelbar hinter dem jüngeren Silen schreitet eine Frauengestalt, angethan mit Ober- und Untergewand, Schuhen und Armringen; sie hält in der Rechten einen blütenartigen Gegenstand. — Über den Köpfen sind an verschiedenen Stellen kleine Schnörkel wahrnehmbar, die ursprünglich den landschaftlichen Hintergrund angedeutet haben mögen, aber auch innerhalb des abgeschlossenen Raumes einmal vorkommen.

Über dieser Darstellung befindet sich ein 0,04 m hoher Fries, der oben durch eine doppelte, unten durch eine einfache Kreislinie begrenzt wird. Er ist durch vier Paare einander zugewandter, ihre Tatzen auf ein Beutestück legender Tiere ausgefüllt; nur einmal findet sich ein einzelner geflügelter Greif. Da sehen wir Löwe und Panther sich auf einen Stierkopf stürzen, Greif und Panther über einen widderähnlichen Kopf herfallen, während um einen Hirsch- oder Rehkopf sich zweimal Löwe und Panther sowie zwei Panther streiten. An mehreren Stellen gehen die Tiere etwas über die Einfassungslinien hinaus.

Der Fries unterhalb des Hauptbildes, von diesem durch eine einfache Linie getrennt, hat die gleiche Höhe wie der Tierstreif und ist durch eine abwärts gerichtete Palmetten-Lotoskette gebildet. Die Palmetten sind von kleinen Kreisen umgeben.

Die drei Füsschen, auf denen der Cylinder ruht, bestehen aus Löwen- oder Panthertatzen, die auf runde Scheiben gesetzt sind (H. 0,035 bezw. 0,083 m). Nach oben gehen sie kapitälartig in zwei zickzackverzierte Voluten über. Um dem cylindrischen Körper mehr Halt zu geben, sind sie von nackten knieenden Knaben mit grossen Flügeln bekrönt, welche in der zurückgestreckten Rechten einen hammerähnlichen Gegenstand halten, während die Linke auf das linke Knie gestützt ist. Die Füsschen sind durch Guss hergestellt und nicht besonders sorgfältig modelliert; Haare, Einzelheiten des Gesichtes sowie die Federn der Flügel sind mit dem Punzen überarbeitet, doch ziemlich nachlässig und roh.

Der Deckel ist leicht gewölbt und hat mit dem übergreifenden, oben durch eine wulstartige Ausladung abgeschlossenen Teil (H. 0,018 m) eine Gesamthöhe von etwa 0,034 m. Rings um den Rand der Oberfläche läuft, nach innen durch einen Kreis begrenzt, ein gravierter Ölkranz mit kleinen runden Früchten. Das übrigbleibende Rund ist durch die rechteckförmige Vorzeichnung für die Stelle des Griffes in zwei gleiche Teile geschieden. In jedem derselben liegt ein phantastisches Seeungetüm. Das eine ist ein Seebock mit langen Ohren, Bart, gewundenem Fischleib (mit Stachelkamm im Nacken und Rücken) und Drachenfüssen; das andere, ihm zugekehrte, ein Seepferd mit ähnlichem Fischleib, doch ohne Stacheln. Zwischen denselben tummelt sich ein kleiner Delphin. Zu beiden Seiten des erwähnten Rechtecks sieht man noch ein mit Palmetten ausgefülltes Kreissegment; die Tiere befinden sich daher eigentlich in einem concentrischen, durch die Standleiste des Griffes unterbrochenen Ringe.

Diese selbst ist 0,165 m lang, 0,022 m breit und ragt wie häufig über die Vorzeichnung hinaus. Sie trägt als Griff zwei nackte Ringer (H. mit Leiste 0,109 m), deren äussere Umrisse fast ein Trapez bilden, so dass der Zweck der Bekrönung und Handhabe gut erreicht ist. Beide stehen in Vorderansicht da und stemmen sich mit den Köpfen gegen einander. Jeder fasst mit der einen (innern) Hand nach dem Schopfe des Gegners, während die andere (äussere) den Partner am Handgelenke festhält. Die inneren Arme sind so verschlungen, die äusseren erscheinen in einem spitzen Winkel über den Köpfen. Der Körper der einen Figur ist etwas stärker nach innen gekrümmt, jedenfalls um zu grosse Gleichmässigkeit zu vermeiden. Die Figuren sind in gleicher handwerksmässiger Weise wie die Füsschen hergestellt, im allgemeinen zwar noch ordentlich modelliert, aber im einzelnen nicht sorgfältig durchgebildet und nach dem Gusse nur wenig überarbeitet. Der Mund, die Augen und die Haare sind nur roh angedeutet.

2. Verhältnis zu der Ciste
bull. d. Inst. 1870 S. 101 No. 6.

Bevor wir auf eine nähere Betrachtung des Einzelnen eingehen, müssen wir das Verhältnis unserer Ciste zu einer ganz ähnlichen feststellen, die von Matz im bull. d. Inst. 1870 S. 101 f. (No. 6) besprochen ist und sich damals im Besitz eines römischen Antiquars befand. Wegen der Wichtigkeit der Frage geben wir zunächst jene Beschreibung wörtlich wieder. Sie lautet:

„VI. È divisa in due scene principali. La prima ci conduce in una γυναικωνίτις. Presso ad una colonna vedesi una donna ignuda con braccialetti guardante in uno specchio il riflesso del suo volto. Più a destra una donna, vestita di chitone a mezze maniche, il capo pudicamente chino, è nell' atto di andarsene a destra. Vengono tre altre donne ignude intorno ad un bacino nel quale la solita testa di leone versa l'acqua. La scena descritta ha eccitata la vaga curiosità di due Satiri barbati che frettolosamente s'avanzano da sinistra e da destra. La prima figura del quadro che vi si accosta a destra, è una donzella vestita modestamente di chitone e manto e tenente nella sinistra un fiore. Un giovine con gambe incrocicchiate che addossa una clamide ed ha usattini ai piedi, s'appoggia ad una lancia. È voltato a destra come un suo compagno, il quale pone una mano sull' omero d'un uomo barbato e vestito d'un himation che mette la destra ad un piccolo albero ornato di foglie e fiori. I piedi della cista consistono di zampe di leone: al disopra figurine accocolate per terra con in mano un' attrezzo che somiglia ad un vomero. Il manico vien formato da due uomini pronti alla lotta con intrecciate le braccia. Le reni dell' uno cuopre uno stretto panno."

Wie man sieht, stimmt die Hauptdarstellung mit derjenigen unserer Ciste bis auf zwei nebensächliche Punkte völlig überein. Der eine ist, dass die Verzierung des Handspiegels hier als riflesso del suo volto bezeichnet wird, während auf unserer Ciste es deutlich eine geflügelte Figur ist. Weniger will der zweite sagen, nämlich dass der beiden Gerätschaften am Boden keine Erwähnung geschieht. Verschieden dagegen sind die beiden Griffe. Denn der von Matz beschriebene stellt einen Ringkampf zwischen einem Mann und einer Frau dar, offenbar die bekannte, gewöhnlich Peleus-Atalante genannte Gruppe.

Die Übereinstimmung der Gravierungen veranlasste mich jedoch, Erkundigungen nach dem Verbleib jener Ciste einzuziehen. Herr Professor W. Helbig in Rom hatte die Freundlichkeit, diese selbst zu übernehmen, und er scheute keine Mühe und Zeit, bis er die Angelegenheit zu einem befriedigenden Resultat gebracht hatte. Vor allem ergab sich, dass keine zweite der Karlsruher bezw. Matz'schen Ciste gleichende bei einem römischen Antiquar ist. Weiter aber versicherte ein Bruder des früheren Besitzers der von Matz gesehenen Ciste die Identität dieser mit der Karlsruher. Er schreibt: „Posso assicurarle che la cista, di cui mi ha mostrato la fotografia (die Karlsruher), si trovava in casa nostra ed è identica con quella descritta nel Bullettino. Ciò che riguarda il manico, può essere che in principio era appoggiato arbitrariamente ed è possibile che il manico appartenentevi fu aggiunto più tardi". Gleichfalls für Identität sprach sich der in Palestrina gebürtige Graveur Pasinati aus, dessen sich seine Landsleute häufig als archäologischen Beirats bedienen. Er klärte auch den zweiten Punkt inbetreff des Griffes auf. Da seine Aussagen auch für eine Reihe anderer Cisten von Wichtigkeit sind,[1] führe ich sie dem Wortlaute nach an: „Posso assicurarle che la cista descritta nel Bullettino 1870 pag. 101 n. 6 è identica con quella di cui Ella mi ha mostrato la fotografia. Questa cista fu veduta da me in casa Fiorentini.[2]) La parte superiore era ricoperta da un grasso strato di ossido, e perciò gli oggetti ivi incisi non potevano essere menzionati nella descrizione. I manici e i piedi delle diverse ciste esistenti nella med. casa erano appoggiati del tutto arbitrariamente. Io dietro le indicazioni dello scavatore tolsi il manico ed i piedi e vi apposi il manico ed i piedi che vi appartengono." Es sind also, nachdem Matz seine Beschreibung gemacht hatte, die Griffe verschiedener Cisten vertauscht worden. Der Griff, den Matz als zu jener Ciste gehörig beschrieben, ist jetzt auf der von ihm im bull. 1870, S. 102, n. 8 besprochenen

---

[1] Z. B. für das Verhältnis der Ciste Mon. d. Ist. Suppl. T. XIX, XX zu der bull. 1870 p. 102 No. 9 beschriebenen, wo ebenfalls nur die Griffe verschieden sind.

[2] Die Angabe Matz', dass die Ciste sich in der Casa Fortunati befand, beruht nach den angestellten Nachforschungen auf einem Irrtum. Fiorentini heisst mit dem Vornamen Fortunato, und in den kleinen Landstädtchen pflegt man die Leute nicht mit den Familiennamen, sondern mit dem Vornamen zu benennen, so dass jenes Missverständnis leicht erklärlich ist.

Ciste, während diese damals offenbar den jetzigen Griff der Karlsruher Ciste trug, wie Matz' Worte formano il manico due giovani con braccia intrecciate erkennen lassen. Beigefügte nach einer ebenfalls von Herrn Professor W. Helbig freundlichst besorgten Photographie hergestellte Zeichnung möge eine Anschauung desselben geben.

Es ist also nur noch die abweichende Spiegelverzierung und das Verschweigen der am Boden stehenden Toilettegegenstände zu erörtern. Beide Punkte lassen sich leicht dadurch erklären, dass die Ciste noch nicht vom Oxyd befreit war, als sie Matz sah. Denken wir, dass er nur einige Gravierlinien auf dem Spiegel gewahrte. Gewöhnlich widerstrahlen die Spiegel in derartigen Zeichnungen das Gesicht der Hineinschauenden. Was lag also näher als dieses auch in vorliegendem Fall anzunehmen, umso mehr, als durch die ausgestreckten Flügel die Darstellung eine ovale Form erhält? Die Stellen aber, wo die beiden Geräte jetzt sichtbar sind, mögen ganz von Oxyd bedeckt gewesen sein. Letzteren Punkt könnte man indes auch damit zu erklären versuchen, dass beide nicht erwähnte Geräte eine moderne Zuthat seien. Und in der That liesse sich die zittrige Einkratzung der Figuren der kleinen Ciste für diese Vermutung anführen, da doch die Linien der übrigen Darstellung eine so sichere Hand verraten. Dem gegenüber ist aber zu bedenken, dass bei Ausführung so kleiner Verzierungen, wie sie die Figuren jener Ciste sind, eine antike Hand wohl dieselben Schwierigkeiten wie eine moderne gehabt hat, wie auch die nicht minder unsichere Gravierung des Spiegels beweist. Nach dieser Sachlage scheint auch mir die Identität der beiden Cisten wahrscheinlich.

Sollte dies aber nicht der Fall sein, so hatte die Wiederholung derselben Darstellung nichts Auffallendes. Sind wir auch weniger gewöhnt, derartige Kopien im Kunsthandwerk älterer Zeiten zu finden, so liegt doch für die hier in Betracht kommende Zeit eine genügende Zahl von Analogien vor. Ich brauche nicht auf die gleichen Erscheinungen auf dem Gebiet der Spiegel, Graburnen oder Vasen[1]) dieser Zeit zu verweisen, sondern

---

[1]) So sind mehrere in den Gräbern von Falerii gefundene Vasen geradezu als Pendants gearbeitet, vgl. Röm. Mitt. II, S. 232f. und Nuova Antologia 1889, 1 Dec. S. 440.

kann bei unserer Denkmälergattung selbst stehen bleiben. Bei der eingehenderen Besprechung der Füsse und des Griffes unserer Ciste werden wir noch sehen, wie häufig sich dieselben Motive wiederholen. Die Ausfüllung des Deckels durch Seeungetüme ist beinahe eine constante zu nennen. Interessant ist die Deckelverzierung zweier Cisten, Mon. d. Ist. Suppl. T. XIII und T. XIV, die beide dieselben Kampfscenen schildern (vgl. den Text S. 3: „alla decorazione della cista T. XIII servì evidentemente di modello una delle due metà della T. XIV. L'incisione di'quest'ultima cioè, lavorata da un abile artefice, fu data a copiare di poi ad uno di minor valore"). Ja zwei barberinische Cisten[1]), welche auch nach Form, Griff und Füsschen übereinstimmen, zeigen dieselbe Hauptdarstellung, eine willkürliche Zusammenstellung einer Badescene und bacchischer Figuren, wobei nur eine einzige Figur differiert (vgl. auch ann. 1877, S. 219). Und ohne Zweifel werden sich die Beispiele durch künftige Funde noch mehren.

3. Erklärung des Hauptbildes.

Nach dieser Feststellung können wir der Interpretation des Hauptstreifens unserer Ciste näher treten. Wir sehen zwei verschiedene Scenen, eine Anzahl Frauen, die innerhalb eines durch Säulen angedeuteten Raumes baden, und einen Zug ruhig daherschreitender Männer. Beide Gruppen sind durch zwei die Frauen belauschende Silene verbunden. Es erhebt sich die Frage, was beide Darstellungen bedeuten und ob sie in einem engern Zusammenhang stehen. Die Frage lässt sich weniger aus dem Bilde selbst als aus einem Vergleich mit ähnlichen Kunstwerken entscheiden.

Die bei der Toilette begriffenen Frauen sind durch keine Attribute näher charakterisiert, so dass wir schwerlich erwarten dürfen, in dem Bereich irgend eines Mythus uns zu befinden, sondern wohl gewöhnliche Sterbliche in ihnen erblicken müssen. Badescenen von Frauen kommen schon in der älteren Kunst vor; ich erinnere nur an die Würzburger Phineusschale, wo ebenfalls Silene die badenden Frauen beschleichen, sind aber am häufigsten in den Darstellungen späterer, in ihren Anschauungen und Sitten lockerer Zeit, namentlich auf den unteritalischen Vasen des dritten Jahrhunderts, sowie auf den an diese Kunstrichtung sich anschliessenden Denkmälergattungen, namentlich den Spiegeln[2]). Aber auch auf Cisten finden sie sich nicht selten, was in Anbetracht des Zweckes dieser Geräte als Toilettenbüchsen begreiflich erscheint.

---

1) Annali 1866 S. 170 No. 27 und S. 171 No. 28, bull. 1866 S. 80, 81.
2) Vgl. ann. 1871 S. 117 (Benndorf). Einige solche Spiegel mit Badescenen sind zusammengestellt bei Inghirami, Mon. Etr. II. 1. T. XXVIII f. und bei Gerhard, etruskische Spiegel T. 107 f., 317 f., V. (Klügmann-Körte) T. 18 f.

Betrachten wir die letzteren, so müssen wir mehrere Klassen unterscheiden. Die einen führen uns bekannte mythologische Badescenen vor. Hierher gehören ann. 1866, S. 170, No. 22 (bull. 1866, S. 21 f.) und S. 171, No. 30 (bull. 1866, S. 140), wo badende Frauen von einem Kentaur und einem Jüngling belauscht werden (vermutlich Thetis mit ihren Frauen, Chiron und Peleus, doch bereits mit Beimischung von Elementen, die beweisen, dass die ursprüngliche Darstellung nicht mehr verstanden wurde), ferner ann. 1866, No. 23 (bull. 1866, S. 40, ann. 1877, S. 239, Jahrbuch I, S. 203, No. 93), wo Thetis im Bade von Peleus überfallen wird.[1]) Bei der Ciste ann. 1866, No. 15 (Mon. VI. VII, T. LV, Friederichs, Kl. Kunst und Industrie S. 130, No. 542) hat man — ob mit Recht, ist sehr fraglich — an ein weitergebildetes Parisurteil gedacht, indem man annehmen müsste, dass die Frauen erst Toilette gemacht haben. Bisweilen befinden sich unter den Badenden geflügelte Gestalten, andere sind mit Sceptern und ähnlichen Attributen ausgestattet, so dass man auch an die Bade- und Schmucksenen des aphrodisischen Kreises denken muss, die wir so zahlreich von den Spiegeln und unteritalischen Vasen kennen. Zu dieser Gattung gehören z. B. Ann. 1866, No. 27 (bull. 1866, S. 80) und No. 63. Namentlich letztere, jetzt in Petersburg befindliche Ciste bietet viele Parallelen für unsere Darstellung.[2]) Eine Darstellung wie bull. 1870, S. 99 (Mon. Suppl. T. XV. XVI), wo zwei nackte Frauen um ein Becken stehen, von denen die eine als Creisita (Chryseis), die andere als Elena (Helena) bezeichnet ist, während Achilles und andere Personen zuschauen, leitet dagegen sicher zu einer zweiten Klasse über, welche willkürlich zusammengestellte Personen, bisweilen mit mythologischen Namen versehen, vorführt (vgl. auch Fernique, étude sur Preneste, S. 197, No. 108). Blieben die Namen und Attribute weg, so war es eine Badescene gewöhnlicher Sterblicher. Vergleichen wir jetzt die Badescene unserer Ciste mit den eben besprochenen, so müssen wir noch einmal betonen, dass sich in derselben nichts findet, was an ursprünglichen mythologischen Zusammenhang auch nur im entferntesten noch erinnerte. Wir dürfen wohl daraus folgern, dass der Künstler bewusst gewöhnliche Frauen beim Bade zur Darstellung gebracht hat.

Den Männerzug unserer Ciste eröffnet, von dem Silen[3]) abgesehen, ein älterer

---

1) Vgl. über die Einführung der nackten weiblichen Gestalt in die antike Kunst v. Duhn, la „Venere" dell' Esquilino (bull. d. comm. arch. com. d. Roma 1890), über Peleus-Thetisdarstellungen Graef, Jahrbuch I S. 201 f., Gerhard, etrusk. Spiegel V. (Klügmann-Körte) S. 123 f.

2) Doch sieht man auch häufig in den Schmucksenen gewöhnlicher Sterblicher jene geflügelten Gestalten. Auch würde es nicht Wunder nehmen, wenn sich Anklänge an Hochzeitsfeierlichkeiten finden sollten, umsoweniger als die Cisten für Hochzeitsgeschenke recht geeignet waren (vgl. Brunn, ann. 1864 S. 366, Schöne, ann. 1866 No. 64 und die für diesen Fall wohl richtigen Bedenken Furtwänglers, ann. 1877 S. 210 Anm. 3).

3) Ueber die Silene auf Cisten und andern Denkmälern dieser Zeit vgl. die ausführliche Behandlung von Furtwängler, ann. 1877 S. 221 f., der Satyr von Pergamon (40. Winkelmannsprogramm) S. 22 f.

würdiger Mann, dessen Charakterisierung uns sofort auf Dionysos hinweist. Derartige bärtige Dionysosbildungen sind uns ja aus hellenistischer Zeit genügsam bekannt.[1] Doch findet sich nichts weiteres in dieser Scene, was eine ursprünglich bacchische Darstellung verriete. Denn in der Haltung des den Dionysos leicht berührenden Jünglings auch nur eine Erinnerung an den geläufigen Typus des stützenden Silens zu sehen, geht doch wohl nicht an (vgl. bei Roscher, Lexicon S. 1143 und die Armhaltung der dem „Leiber" folgenden Figur Mon. VI. VII, T. LXIV, 1). Auch die den Männern beigesellte Frau hat nichts, was bestimmt nach jener Richtung deutete. Daher kann man mit Recht zweifeln, ob der Künstler an einen wirklichen bacchischen oder Götterzug überhaupt gedacht habe. Es scheint vielmehr nur eine abgeblasste Erinnerung eines solchen vorzuliegen.

Ein gutes Beispiel dafür, wie derartige Scenen zu Stande kamen, bietet die Ciste ann. 1866, No. 29, deren von Helbig herrührende Beschreibung ich wegen ihrer Wichtigkeit für die Beurteilung unserer Darstellung und vieler ähnlicher nach bull. 1866, S. 139 folgen lasse:

> Vi vediamo cioè un giovane a guisa di Apolline in piedi, vestito colla clamide, nella d. un albero d'alloro, dirimpetto ad un giovane ignudo, a quel che si conchiude dalle ale sopra i malleoli del piede, Mercurio. Seguono due figure veementemente commosse, una donna con braccialetti, chitone e mantello, la quale rivoltando la testa verso il supposto Apolline stende le braccia in una direzione opposta, ed un uomo barbato con clamide, ornato di benda attorno la testa e fascie attorno alle coscie, nella d. un tirso; tiene esso colla s. uno scudo sopra una figura virile ignuda imberbe quasi per proteggerla. In ogni caso questa figura, la quale è raffigurata con dimensioni molto piccole, colla s. sul dorso, la d. alzata, forma il centro dell' azione ed essa è la cagione della commozione visibile nelle anzidette figure. Segue un giovane in piedi, che per due code di cui pare munito, sembra un Satiro, mentre la scena da questa parte è terminata con un' ara e la figura d'un cane che guarda insù.

Hier sind noch einige Gestalten etwas deutlicher charakterisiert, so dass man den ursprünglichen mythologischen Kern noch erkennt, andere Figuren sind dagegen auch schon völlig abgeblasst. Die bacchischen Elemente scheinen in gar keinem näheren Zusammenhang mit der übrigen Darstellung zu stehen, eine Erscheinung, die bereits bei einer Reihe anderer Cisten beobachtet worden ist und der sich am besten die häufige, in gleicher Weise abgekürzte sinnlose Einschiebung der Badescenen gegen-

---

[1] Vgl. Furtwänglers Ausführungen bei Roscher, Lexikon der griechischen und römischen Mythologie S. 1119f. Die nächsten Parallelen sind die Mittelfigur des Griffes der Cista Napoleone (Mon. VI. VII T. LXIV. 1) und der „Leiber" auf der Cista Mon. IX T. LVIII. LVIIII. Derselbe Typus kommt ferner öfters in einer bestimmten, im südlichen Etrurien fabrizierten Vasenklasse vor (vgl. Furtwängler ann. 1878 S. 86), in welcher die Zusammenstellung älterer und jüngerer Formen sehr häufig ist und die, wie wir noch sehen werden, geradezu Vorlagen für die latinischen Cisten- und Spiegelgraveure geliefert zu haben scheint.

überstellen lässt.¹) Wie willkürlich thatsächlich diese Zusammenstellungen erfolgten, beweisen am besten die Beischriften einiger Cisten. So sind auf der Ciste Mon. VIIII, T. XXII. XXIII, deren Stil an denjenigen der unsern erinnert, Aiax Oileus, Soresios, Agamemnon, Istor, Lais, Laomeda, Doxa und zwei Silene vereinigt. Andere Beispiele sind von Michaelis, ann. 1873, S. 221 und Fernique, étude sur Preneste, S. 197, No. 108 erwähnt. Es ist also ganz derselbe Vorgang, den wir so häufig auf den unteritalischen Vasen und deutlicher noch bei den späteren Spiegelzeichnungen finden, wo ebenfalls die beigeschriebenen Namen die willkürliche Auswahl der Figuren erkennen lassen (vgl. Körte-Klügmann bei Gerhard, etr. Spiegel V, S. 102 f.). Daher auch die vielfach vergebliche Mühe, in manche Cisten-Darstellungen Sinn zu bringen; es war eben nie einer darin.

Diese Darlegungen dürften bereits gezeigt haben, dass zwischen den beiden Scenen unseres Hauptbildes, der Frauengruppe und dem Männerzug, kein inhaltlicher Zusammenhang besteht. Dasselbe bestätigen die anderen Cisten mit Darstellungen badender oder sich schmückender Frauen. Da sehen wir einmal auf der Gegenseite den Selbstmord des Ajax (ann. 1866, No. 22), ein andermal eine Eberjagd (ann. 1866, No. 63), kurz Scenen, die augenscheinlich mit dem Schmuck an der andern (Vorder-)Seite nichts zu thun haben. Wie nahe also auch der Gedanke liegt, dass das Hereneilen der Männer nur den Frauen gelte, so scheint er mir nach der Ausdrucksweise anderer Cisten doch abzuweisen zu sein.

4. Composition.

Fehlt auch ein derartiges Band zwischen beiden Scenen, so empfindet man doch keine eigentliche Kluft. Um über den Grund dieser Erscheinung klar zu werden, müssen wir näher auf die gesamte Composition des Bildstreifens eingehen. Schon Schöne hat ausgeführt¹), wie die Darstellungen der besseren Cisten, namentlich die der Ficoronischen Ciste, entsprechend der cylindrischen Beschaffenheit des Gerätes, von einem hervortretenden Centrum ausgehend, sich in ununterbrochener Folge um den Körper entwickeln und geschickt zusammenschliessen, und wie trotz dieser Unterordnung unter das Ganze die einzelnen Gruppen zur gefälligen Geltung kommen. Furtwängler hat dann²) gezeigt, dass bisweilen auch zwei Centren zu unterscheiden seien, wobei die ganze Composition aus drei Gruppen zusammengesetzt ist. Ähnlich und doch wieder anders verhält es sich mit unserer Ciste. Als Centrum hält unser Auge sofort die vor dem Wasserbecken

---
1) Vgl. Furtwängler ann. 1877, S. 239.
2) Ann. 1866, S. 201 f.
3) Ann. 1877, S. 185.

stehende Frauengestalt fest, thatsächlich den Intentionen des Künstlers gemäss, wie sich noch beweisen lässt. In dem oberen Friese sind nämlich die Tiere zu je zwei angeordnet, nur über jener Figur am Becken gewahrt man einen einzelnen Greif. Es war somit die Absicht des Zeichners, jenen Punkt auch äusserlich hervorzuheben.[1]) Die Badescene, durch die beiden jonischen Säulen in symmetrischer Weise eingerahmt, bildet eine in sich geschlossene Gruppe. Dasselbe gilt aber auch von dem Männerzug, der in ähnlicher Weise durch die zwei Silene abgeschlossen wird. Jene besteht aus fünf Frauen, von denen die äusseren für sich wieder zwei kleinere, sich entsprechende Gruppen darstellen. Es fällt auf, dass die mittlere Frau nicht vor der Mitte des Beckens steht, sondern etwas nach links gerückt ist und mit der rechts von ihr befindlichen und ihr zugewandten geradezu eine Gruppe bildet. Man könnte diesen Umstand vielleicht damit erklären, dass, falls sie vor der Mitte des Beckens stünde, der wasserspeiende Löwenkopf verdeckt worden wäre. Doch hätte der Künstler diesem Missstande leicht abzuhelfen vermocht, indem er sie vor dem Becken kauern liess, ein anziehendes Motiv, das wir auf Vasen und Spiegeln häufiger finden (vgl. z. B. Gerhard, etr. Spiegel T. 108. 317 u. s.).

Der wirkliche Grund scheint sich mir durch die Analyse der zweiten Scene zu ergeben. Sie umfasst mit den beiden Silenen sechs Personen. Es entsprechen sich in geschicktester Weise die beiden Silene als Abschluss, ferner „Dionysos" und die reich bekleidete Frau, während die zwei nackten Jünglinge den Mittelpunkt der Gruppe ausmachen. Dieser Umstand legt den Gedanken nahe, dass die beiden nackten Frauen am

---

1) Diese Beobachtung wird durch eine Reihe anderer Cisten bestätigt. So ist z. B. Mon. VIII, T. 58. 59 der Mittelpunkt der Darstellung dadurch bezeichnet, dass das Palmettenband nur an der betreffenden Stelle durch ein Tier unterbrochen wird (vgl. Michaelis, ann. 1873, S. 222); ähnlich ist es mit Mon. Suppl. T. XIX. XX, wo in dem ornamentalen Friese einmal, und zwar über dem Jüngling in asiatischer Kleidung, welcher offenbar den Mittelpunkt der Handlung bildet, ein weiblicher Kopf erscheint. Etwas anderer Art ist Mon. VI, T. 55, wo der Palmetten-Lotosfries an zwei Stellen durch Gorgoneia unterbrochen wird, und zwar da, wo die zwei verschiedenen Scenen zusammenstossen. Noch andere Beispiele werden wir später kennen lernen. Dass aber dieser Kunstgriff bisweilen auch recht unverstanden angewandt wurde, scheint die Ciste Mon. Suppl. T. XV. XVI zu beweisen. Hier bemerkt man im oberen Friese einen menschlichen Kopf, von welchem aus die Tiere nach beiden Richtungen weglaufen. Er befindet sich über einem Reiter mit unbekanntem Namen, von dem man schwer einsieht, warum er der Mittelpunkt der Handlung sein soll. Dieser scheint vielmehr in natürlicher Weise durch das Frauenpaar am Becken gegeben. Doch kann man sich immerhin denken, dass der Zeichner ihn als wichtigste Person aufgefasst hat, da er aufmerksam die nackten Frauen betrachtet, von denen Helena sich ihm direkt zuwendet, während der andere Reiter (Achilles) gar nicht auf sie schaut. Die Zusammenstellung der Figuren ist auch in diesem Falle eine ganz willkürliche.

Becken ein Gegenstück zu den beiden nackten Jünglingen im Männerzug bilden sollen, um so mehr als beide in dem Mittelpunkte ihrer Gruppen stehen.

Ist aber diese Gegenüberstellung wirklich beabsichtigt — und meines Erachtens lässt sich bei der Menge wohl erwogener Entsprechungen nicht daran zweifeln —, dann ist der Schluss nicht abzuweisen, dass der Künstler bei der Schaffung der Gesamtcomposition die Idee der Gegenüberstellung des Männlichen und Weiblichen gehabt hat. Mag also der Männerzug auch noch eine gewisse Erinnerung an eine wirkliche mythologische bezw. bacchische Scene sein, wofür der „Dionysos" und vielleicht auch die Frau unter den Männern spricht, so tritt doch jene allgemeine Auffassung deutlich zu Tage. Die Annahme der beabsichtigten Gegenüberhaltung der beiden Geschlechter wird auch durch die Auswahl vieler Griffe bestätigt, da häufig ein nackter Mann und eine nackte Frau, sowohl aus heroischem wie bacchischem Kreise und aus dem gewöhnlichen Leben, vereinigt sind. Richtig bemerkt schon Brunn ann. 1864, S. 374: „il confronto della lotta palestrica di Peleo ed Atalanta (eine der häufigsten Grifffiguren) .... ci suggerisce l'idea, che pur negli altri gruppi siasi voluto dimostrar di preferenza il contrapposto ed insieme la riunione de' due sessi."

Wie aber diese Bilder aus dem bacchischen Kreise bezw. der Männerwelt sowie aus dem Innern des Frauengemachs gerade für ein Luxus- und Badegerate sich eignen, brauche ich nicht auszuführen.

Der Gedanke, die Verbindung zwischen den beiden grossen Gruppen durch die dreisten Silene herzustellen, ist um so passender, als Silene in den Denkmälern häufig auch als eine Art Wasserdämone erscheinen, die an Quellen und Brunnen allerlei Scherz und Kurzweil treiben.[1]

Ähnliche Composition in zwei Scenen erscheint noch hie und da auf Cisten; doch kenne ich keine mit so geschickt und fein durchgeführter Entsprechung der Gruppenbildungen. Vergleichen lässt sich nach der Einteilung etwa die Ciste Mon. VI. T. LV. Auch hier sind die beiden Scenen durch zwei Säulen getrennt und, wie auf unserer Ciste durch zwei Silene, so durch zwei Reiter vermittelt.

Diese bis ins einzelne fein durchgeführte Symmetrie der Gruppen sowie die dargelegte, die beiden Scenen verknüpfende Idee sind es also, welche die Darstellung unserer Ciste so einheitlich erscheinen lassen, wenn auch die beiden Scenen in keinem näheren inhaltlichen Zusammenhang stehen.

Auch die Anordnung der Tiere im Fries scheint bis ins kleinste vom Künstler wohl erwogen zu sein. Oder ist es als Zufall anzusehen, dass der Vereinigungspunkt

---

[1] Vgl. Jahn, die Ficoronische Ciste S. 25, Furtwängler, ann. 1877, S. 232, Jordan, Marsyas auf dem Forum in Rom.

zweier Paare, die Beutestücke, sich jeweils gerade über den Häuptern derjenigen Personen befinden, die sich in den Gruppen entsprechen?

Schliesslich müssen wir noch darauf aufmerksam machen, wie der Künstler bestrebt war, einer gewissen Einförmigkeit vorzubeugen. Man betrachte nur die verschiedenartigsten Kopf- und Körperstellungen der Frauen. Vielleicht darf auch hierher gerechnet werden, dass das Centrum der Männergruppe aus zwei, das der Frauen nur aus einer Figur besteht. Es wäre sogar nicht unmöglich, dass die Anwesenheit der Frau im Männerzug damit zu motivieren ist. Beachtung verdient auch, wie sämmtliche Personen, mit Ausnahme des Jünglings mit der Lanze, in der Bewegung dargestellt sind. Doch herrscht in der Frauengruppe weit mehr Leben als in der Männerscene. Hier wirkt die gleiche Richtung der Köpfe, Körper und Beine, noch mehr aber die gleichmässige Haltung der Arme etwas ungünstig. Immerhin müssen wir aber anerkennen, dass der Künstler seiner Aufgabe, eine cylindrische Fläche zu schmücken, in geschickterer Weise nachgekommen ist, als wir es auf dem grössten Teile der Cisten sehen.

5. Antiquarisches.

Die Gravierungen bieten auch in antiquarischer Beziehung manches Neue. Vor allem ist es die zwischen der ersten und zweiten Frau sichtbare Ciste. Sie entspricht ihrer Form und Verzierung nach ganz der eigentlichen Ciste. In dem von zwei ornamentalen Friesen umgebenen Bildstreif sehen wir links einen weitausschreitenden Mann in kurzem Leibrock mit einer Lanze, dann eine stehende nackte Gestalt mit einer Keule in der Rechten und einem Mantel oder Fell in der Linken, also wohl Herakles[1]); eine dritte Person ist grösstenteils durch den Fuss der danebenstehenden Frau verdeckt. Darstellungen von Cisten kennen wir bereits eine und die andere aus Schmuckscenen späterer Vasen, Spiegel und Cisten[2]), doch ist meines Wissens bis jetzt keine mit solchem figürlichen Schmuck bekannt. Die Bestimmung dieser Geräte, denen man früher nach Visconti's Vorgang eine mystische Bedeutung beigelegt hatte, ist jetzt als Toilettenbüchse vollständig gesichert (vgl. Brunn ann. 1864, S. 373 f. u. a.). Man erkennt deutlich als Inhalt einiger auf Spiegeln und sonst dargestellten Cisten Ölfläschchen, Spiegel etc. Auch wurden diese und andere Sachen in wirklichen Cisten gefunden,

---

1) Vgl. z. B. die Darstellung auf der Rückseite der Ciste ann. 1866, S. 182 No. 63.

2) Vgl. Schöne ann. 1866, S. 197, Gaz. arch. VII, pl. 18, Mon. IX, T. LVI. 4, Gerhard, etr. Spiegel T. 293 u. s.

namentlich häufig Schmuckgeräte¹) und Kämme, auch Schwämme, ja einmal ein Zopf, der deutlich beweist, dass die pränestinischen Damen es schon ziemlich weit in den Toilettenkünsten gebracht hatten (vgl. bull. 1864, S. 21).

Der rechts vom Becken stehende Gegenstand ist bis jetzt rätselhaft. Er gleicht einem offenen Halbcylinder und ist mit einer Art Handgriff versehen. Er kommt noch einmal auf einem bei Praeneste gefundenen und ebenfalls mit einer Schmuckscene verzierten Spiegel vor (Klügmann-Körte, etrusk. Spiegel V, T. 22). Auch hier befindet er sich in ähnlicher Weise einer Ciste gegenüber. Körte vermutet, dass es der zur Ciste gehörige Deckel sein solle, doch ist mir dieses wenig wahrscheinlich.

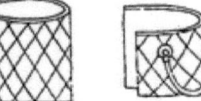

Weiter interessiert uns der Spiegel, welchen die erste Frau mit der Linken handhabt. Er besteht aus einer runden Scheibe und einem langen, gegen das Ende sich verjüngenden Griff. Auf dem Spiegelrund ist eine weibliche nackte Gestalt mit langen Flügeln graviert, die in der Rechten ein Balsamarium, in der Linken ein Stäbchen hält. Offenbar ist es eine jener dem aphrodisischen Kreise angehörigen Gestalten, die so häufig auf den wirklichen etruskischen Spiegeln dargestellt sind und die man gewöhnlich Lasen nennt.²) Man bemerke, dass die „Lasa" unseres Spiegels das Salbfläschchen in der Rechten, das Stäbchen in der Linken trägt, während es gewöhnlich umgekehrt ist.

Für die Datierung unserer Ciste ist es nicht ohne Belang, auf die Zeitstellung dieser Spiegel etwas näher einzugehen. Unbegreiflicher Weise hat sie Schippke in seinem Programm über die pränestinischen Spiegel³) zu den älteren gerechnet, während Form, Stil und Fundumstände beweisen, dass sie ziemlich später Zeit sind. Es lassen sich zwei Klassen derselben unterscheiden. Die eine, etwas ältere, zeigt grössere flache Scheiben mit nur wenig aufwärts gekrümmtem Rande und etwas bessere Zeichnung. Der Griff besteht aus einem halblangen Zapfen (oben mit Erweiterung), der in eine Holz- oder Beinhülse eingefügt war. Zu dieser Gattung gehören z. B. Gerhard, etr. Spiegel,

---

1) In der bekannten Cista Pasinati mit dem fraglichen Deckelbilde aus dem Aeneasmythos (vgl. ann. 1866, No. 18 und Robert, 50 Winkelmpgr. S. 63, Anm. 1, der inbetreff der Ächtheitsfrage sicher Recht hat) sollen auch zwei Fibeln gefunden sein (Mon. VIII, T. VIII, 6. 7), sog. Bogenfibeln mit kurzem Fuss, die aber etwa um ein halbes Jahrtausend älter als die Ciste selbst sind. Also wohl ein weiteres Moment für die Annahme, dass die Ciste in der Werkstatt eines Antiquars zurecht gemacht wurde. Die frühromische Charnierfibel, die mit der später zu behandelnden pränestinischen Silberciste gefunden sein soll (ann. 1866, tav. GIh), ist dagegen wohl nur durch ein Versehen zu dem übrigen Cisteninhalt gekommen (vgl. auch Undset, ann. 1885, S. 29, Anm. 5).

2) Vgl. Furtwängler, ann. 1877, S. 194, Schippke, de speculis etruscis S. 23.

3) Programm d. König-Wilhelm-Gymnasiums zu Breslau 1888.

T. 35. 2, 3; (244; 245. 2), V. T. 29, Schumacher, Karlsruher Bronzen-Katalog No. 233. Sie dürften in das Ende des vierten und den Anfang des dritten Jahrhunderts v. Chr. zu setzen sein. Die zweite, aus dieser sich entwickelnde Klasse hat kleinere, bisweilen etwas konvexe Scheiben mit scharfabstehendem Rande und langem, meist in einem Tierkopf endigenden Griffe. Die Zeichnungen sind sehr flüchtig.[1]) Dass beide Gattungen nicht so alt sein können, wie Schippke meint, zeigt nicht nur die entwickelte Form, sondern auch das Auffinden solcher Spiegel in Gräbern mit ziemlich spätem Inventar. Das Gräberfeld bei Bologna, das schon so viele Aufschlüsse für die Chronologie geliefert hat, giebt auch hier die besten Anhaltspunkte. Derartige Spiegel bildeten nämlich Beigaben der dortigen gallischen Gräber, welche nach den Gefässformen und den bekannten, für die Früh-, Mittel- und Spät-La Tèneperiode charakteristischen Fibeltypen dem vierten bis ersten Jahrhundert v. Chr. angehören. So wurde ein dem genannten Karlsruher Spiegel (No. 233) ähnlicher, doch schon etwas jüngerer in einem Grabe gefunden, das eine späte Skyphosform enthielt.[2]) Ein Spiegel der kleineren späteren Form mit stark erhöhtem Rande stammt aus einem Grabe, das unter anderem schwarzgefirnisste Vasen etruskisch-kampanischer Fabrik enthielt.[3]) Ist also jener hohe Zeitansatz unmöglich, so sehen wir aber auch andererseits, dass sie nicht ganz so spät sind, wie bisweilen angenommen wird (zweites Jahrhundert), da die Fabrikation jener Vasen um die Mitte des dritten Jahrhunderts aufhört. Die jüngere Spiegelform setzt sich allerdings noch fort, da sie in Präneste und sonst häufig in Gräbern erscheinen, in denen bemalte Vasen gänzlich fehlen. Ist es sicher, dass der Spiegel Gerhard T. 171 (vgl. Jahn, Ficor. Ciste, S. 56, Schöne ann. 1866, S. 153 f.) mit der Ficoronischen, wohl noch etwas vor die Mitte des dritten Jahrhunderts zu datierenden Ciste gefunden wurde, so hätten wir dadurch einen weiteren Anhalt. Er zeigt ebenfalls jenes Entwicklungsstadium, bei welchem

---

1) Z. B. Gerhard, etr. Sp., T. 31 f, 245. 1, von den Karlsruher Spiegeln No. 234 f.

2) Vgl. Brizio, Atti e memorie della R. Deputazione di storia patria per le provincie di Romagna III. Ser., vol. V (tombe e necropoli galliche della Provincia di Bologna) S. 469, n. XVIII. 4 und T. V. 42. Die Vase zeigte ursprünglich auf gelbem Grunde schwarzaufgemalte Blätter, war aber später mit einem leichten schwarzen Firnis überdeckt worden. — Auch bei diesem Spiegel scheint wie beim Karlsruher der Griff schon im Altertume abgebrochen und dann durch Aufnageln eines neuen Metallstreifens restauriert worden zu sein. Doch kommt diese Erscheinung bei Spiegeln dieser Art so häufig vor (vgl. z. B. Gerhard T. 35, 2, T. 391 u. s.), dass man mutmassen möchte, der Griff sei bisweilen von Haus aus auf der Mündung aufgenietet worden. Die undeutlichen Verzierungen zu Füssen der Lasa werden wie auf dem Karlsruher Exemplar stilisierte Blumen sein. Auf letzterem eilt die Lasa nach rechts (v. B.), während sie auf dem Bologneser wie gewöhnlich nach links gewandt ist (vgl. Körte bei Gerhard V, S. 37).

3) Brizio, a. a. O., S. 481, vgl. auch Not. d. scav. 1889. S. 297.

der Griff bereits vollständig ausgebildet ist und tierkopfartig endet. Dieses und die Lorbeer-Kranzeinfassung setzt ihn in Beziehung zu einer besonders zahlreichen Gattung von Spiegeln mit meist willkürlich zusammengestellten mythologischen Gestalten, ferner den Dioskuren, „Kabiren" („Mantelfiguren", vgl. Schippke in dem citierten Breslauer Programm, S. 8), zu denen unter den Karlsruher Spiegeln No. 237 f. gehören. Doch unterscheidet er sich von diesen dadurch, dass bei ihm nicht wie bei diesen gewöhnlich der Lorbeerkranz auf einem erhöhten Ringe eingraviert ist. Dies dürfte in Verbindung mit einigen andern kleinen Abweichungen nach Form und Stil ihm ein wenn auch nur um wenig höheres Alter diesen gegenüber gewährleisten. Ein weiterer Grund, weshalb wir wenigstens mit der Hauptmasse jener Spiegelklasse mit Lasendarstellungen nicht mehr in das zweite Jahrhundert gehen dürfen — vereinzelte Ausnahmen mögen ja immerhin vorhanden sein —, ist die um die Mitte des dritten Jahrhunderts erfolgte Aenderung in der Form und Technik der Handspiegel. Doch um dieses beweisen zu können, müssen wir etwas weiter ausholen.[1]

Die Spiegelform ist offenbar wie diejenige so vieler anderer Geräte vom Osten nach Griechenland und Italien gekommen. Was an griechischen Handspiegeln bis jetzt bekannt ist (hier sind die Stand- und Klappspiegel zahlreicher), zeigt zwei Typen: solche mit breitem bandartigem und solche mit schmalem zapfenförmigem Griff. Für beide Formen ist das Bestreben charakteristisch, zwischen Griff und Spiegelrund einen Uebergang, sei es durch eine rechteckige Erweiterung, sei es durch ein Kapital- oder Volutenornament herzustellen. Diese harmonische Verbindung fehlt bezeichnender Weise bei den älteren etruskischen Handspiegeln (wir sehen hier von jenen den Standspiegeln näher stehenden Prachtspiegeln ab, deren Griffe durch Widderträger etc. gebildet sind). Die Spiegel der Certosa[2] haben kurze Zapfen, die entweder ohne jede Vermittlung an die runde Scheibe angesetzt sind oder eine rechteckige Verbreiterung aufweisen, die aber wenig geeignet ist, jenem Zwecke zu dienen. Bei den Spiegeln des vierten Jahrhunderts werden die Griffzapfen allmählich länger und breiter, entsprechende Wandlungen macht auch die Scheibe nach Dicke, Wölbung und Rand durch; auch das Verbindungsstück wird allmählich grösser und sucht durch etwas geschwungene Linien mehr zu vermitteln. Diese Entwicklung setzt sich im Verlauf des dritten Jahrhunderts fort; der bisher von einer Hülse verkleidete Zapfen wird zu einem vollständigen, gewöhnlich in einen Tierkopf endigenden Griff, das Verbindungsstück ist nun stark ausgeschweift, die Scheibe selbst kommt diesem Streben harmonischer Verbindung bisweilen durch eine

---

[1] Vgl. auch meine Ausführungen in der Ztschr. f. Geschichte d. Oberrheins V, S. 417 und Ztschr. f. Ethnologie 1891, S. 81 f.

[2] Zannoni, scavi della Certosa T. XX, sep. 39, T. XXXIII, sep. 86, T. XLIX, sep. 101, T. LXXXVI, sep. 252.

mehr birnförmige Gestalt entgegen.¹) Bald nach der Mitte des dritten Jahrhunderts scheint sich nun die Loslösung des vollständigen, häufig figürlich verzierten Metallgriffes von der Scheibe vorbereitet zu haben: wenigstens sind schon zwei solche Beispiele unter den Funden von Falerii, das im Jahr 243 zerstört wurde. Der Griff läuft unten gewöhnlich auch in einen Tierkopf aus, oben in ein Kelchblatt, das auf der unteren Seite einen Ausschnitt für das Spiegelrund hat. Ein sehr schönes Exemplar ist z. B. abgebildet bei Gerhard, etr. Sp. T. 157 (aus Präneste), das ebenfalls noch in das dritte Jahrhundert gehört.²) Ein Spiegel wie Gerhard T. 151 kann uns den Übergang von der vorhergehenden Gattung ohne selbständigen Griff vergegenwärtigen. Bei diesen späteren Spiegeln spielt, entsprechend dem Geschmacke der Römer, das Relief eine grössere Rolle. Auch die Gravierung der Scheiben verschwindet, während das Material kostbarer wird oder sich wenigstens diesen Anschein giebt.³) Diese Form behalten dann die Handspiegel im Grunde während der ganzen römischen Epoche bei, wenn auch Griff und Scheibe einige Variationen erleiden (wobei natürlich von den Klappspiegeln, viereckigen etc. abzusehen ist).

Diese Erörterungen mussten etwas ausführlicher sein, weil man bis jetzt die Form der Spiegel noch viel zu wenig für ihre Datierung beigezogen hat, obwohl dieselbe oft deutlicher spricht als der Stil der Verzierung.⁴) Hoffentlich haben sie zur Genüge gezeigt, dass wir bei der Datierung von Spiegeln mit den Lasen-Darstellungen schwerlich viel über das dritte Jahrhundert herabgehen dürfen. Dies hat natürlich auch für die chronologische Ansetzung unserer Ciste Giltigkeit.

Ausser dem besprochenen Spiegel hat jene Frau noch ein Stäbchen in der Hand, das am wahrscheinlichsten als ein Instrument zum Scheiteln der Haare (discerniculum) aufzufassen sein dürfte. Dies zeigt klarer die gleiche Figur einer Schmuckscene auf der Ciste ann. 1866, S. 170, n. 22 (bull. 1866, S. 21), von der Helbig sagt: „quella (donna ignuda)

---

1) Die bekannten Grabstelen zu Bologna bieten zu diesem Vorgang eine interessante Parallele. Ursprünglich auch rund, nehmen sie allmählich eine mehr birnförmige Gestalt an, offenbar um den Übergang von der viereckigen Basis mehr zu vermitteln.

2) Von einem solchen Spiegel stammt wohl auch die Scheibe bei Gerhard T. 162, 1. Vgl. auch Gerhard T. 23 und T. 60, 1, 4, Schumacher, Bronzekatalog n. 246. Gerhard hält sie übrigens z. T. für Opferscheiben. Der Spiegel Gerhard T. 60, 4 scheint eine willkürliche Zusammenstellung eines Spiegels mit Zapfen und eines Griffes dieser Art zu sein.

3) Ich meine die Silber nachahmenden Scheiben von Weissmetall oder die bronzenen mit einem silberartigen Überzug, vgl. Virchow, Ztschr. f. Ethn. 1890, S. (449 f).

4) Doch hat Furtwängler in der Anordnung der Spiegel des Berliner Museums, wie ich mich vor einigen Jahren durch den Augenschein überzeugte, diesen Gesichtspunkt schon in Betracht gezogen, wodurch er vielfach zu abweichenden Resultaten gegenüber Friederichs und a. gekommen ist.

postata dietro guarda in uno spechio che tiene colla sinistra, mentre col „discerniculum" che tiene colla destra, fa il cocuzzolo dei capelli". Sie kehrt wieder in ähnlicher Weise noch auf einigen anderen Cisten (ann. 1866, S. 184, 182, n. 64, n. 63: guardante in uno specchio che tiene colla mano manca ed in cui è accennato il ritratto della sua faccia, mentre colla destra pare pettini i suoi capelli, vgl. auch bull. 1885, S. 202); bisweilen hat sie allerdings statt des discerniculum eine Binde oder sonst einen Toilettengegenstand in der Hand (ann. 1866, S. 171, n. 30, bull. 1866, S. 140). — Eine andere Frage ist, ob der Stift, den die Lasa auf dem Spiegel in der Hand hält, das gleiche Gerät vorstellen soll. Man hat vielfach nur eine Art Nadel oder Griffel[1]) darin gesehen, um Pulver, Schminke oder Salbe auf Haut, Augenbrauen und Wimpern aufzutragen, deren sich jetzt noch die Orientalinnen zur Bemalung der Augenbrauen und Wimpern bedienen. Wo das Stäbchen sehr klein ist, könnte diese Erklärung allerdings richtig sein, doch ist im allgemeinen meines Erachtens kein wesentlicher Unterschied zwischen beiden Geräten zu machen, da das Instrument zum Scheiteln jedenfalls ebenso in Öl getaucht wurde, wenigstens wird es bei so kleinen Darstellungen kaum möglich sein, zwischen beiden Geräten zu scheiden. Auch die Frage, wie weit es als Nestnadel gedient hat, lässt sich schwerlich noch beantworten. Solche discernicula sind in ziemlicher Anzahl aus dem Altertum erhalten, da sie sich häufig in Cisten finden. Darunter sind einige aus Gold und Silber, doch die meisten aus Bronze, zum Teil mit sehr feiner künstlerischer Verzierung.

Wenige Worte noch über den Gegenstand, den die im Männerzug mitschreitende Frau vor sich hinhält. Man könnte an eine stilisierte Blüte denken (so Matz in der oben wiedergegebenen Beschreibung), doch scheint mir die Erklärung als Fächer geradeso annehmbar. Die gewöhnliche Fächerform dieser Zeit ist die eines Blattes oder einer rundlichen Palmette mit Kelch oder Voluten. Ziemlich ähnliche finden sich z. B. bei Gerhard, apulische Vasenbilder T. 5 (Mon. X T. LI), T. 14 (vgl. auch Furtwängler, ann. 1878, S. 102).

Die Schmuckgegenstände, sowie Gewand- und Haartracht bringen nichts Neues. Doch sei wegen der doppelten, mit Sternchen verzierten Haarbinde auf Gaz. arch. 1880 pl. 19 hingewiesen.

6. Technik der Gravierungen.

Metallfurchen können in verschiedener Weise zu Stande kommen, durch Pressen, Gravieren, „Ziehen" und Aetzen. Für die Cistenverzierungen sind natürlich nur die

---

1) Vgl. Garrucci, bull. 1865, S. 55 f, Friederichs, Kl. Kunst, S. 62, Robert, Arch. Ztg. 1882, S. 153. Körte-Gerhard, etr. Spiegel V, S. 36, Anm. 2. Vgl. auch die Schilderungen in C. A. Böttiger's Sabina (Leipzig 1806), S. 26 f, 169 f.

drei letzteren Verfahren in Betracht zu ziehen. Für die Zeichnungen der Münchner Cisten und Spiegel hat Christ (Ber. d. phil. Kl. d. Bair. Akad. d. Wiss. 1885, S. 404, vgl. Blümner, Terminologie und Technologie IV, S. 266) nach Beobachtungen von Gehring und Naue die Ansicht ausgesprochen, dass sie geätzt seien. Dem gegenüber kann ich nach Besprechung mit einem Fachmanne, Herrn Lehrer Weiblen an der Kunstgewerbeschule in Pforzheim, nur feststellen, dass weder die Spiegel- noch die Cistenzeichnungen der Karlsruher Sammlung durch Aetzen entstanden sind. Indessen sind die Bilder der Karlsruher Spiegel auch nicht graviert, wie man gewöhnlich sagt, also mit dem Grabstichel hergestellt, sondern sie sind sämmtlich mit dem Schrotmeissel geschlagen, „gezogen" und mit Bimsstein abgeschliffen. Nur bei einigen scheint mit dem Stichel nachgeholfen zu sein. Ein ähnliches Resultat ergab sich auch für andere Flächen-„gravierungen". So z. B. ist der Schmuck der unteritalisch-griechischen Helme von Canosa (Bronzekatalog n. 694) nicht graviert, sondern geschlagen, wodurch sich namentlich die Gleichmässigkeit und Weichheit der Linienführung erklärt. Wegen letzterer schienen auch die Verzierungen der Ciste einem anderen Sachverständigen auf den ersten Anblick '„gezogen" zu sein. Doch zeigten bei näherer Untersuchung die Ausgleitungen des Stichels (die „Ausfahrer"), die kleinen „Fransen", da wo zwei Linien zusammenlaufen, sowie auch die Beschaffenheit der Furchen selbst, dass sie wirklich graviert d. h. mit dem Grabstichel gemacht sind. Die Ausführung der Arbeit beweist, dass der betreffende Graveur grosse Übung, wenn auch geringeres Verständnis der Formen hatte. Es lag ihm offenbar eine sehr flotte Zeichnung vor, auf welcher die Details wie Ueberschneidungen der Muskeln etc. genau angegeben waren. Er führte sie aufs sorgfältigste, wenn auch innerlich wenig beteiligt, aus. Seine Sorgfalt erhellt z. B. aus der Behandlung des Mäanderstreifens am Mantel des „Dionysos". In richtiger Weise setzt die Verzierung an den Stellen aus, wo die Innenseite des Mantels erscheint. Dieselbe Genauigkeit zeigt die Verzierung der dargestellten Ciste und des Lasaspiegels, womit wir nur die beiden figurengeschmückten Trinkgefässe der Ficoronischen Ciste vergleichen können. Dagegen sind manche Missverständnisse der Formen wohl wesentlich dem Graveur zuzuschreiben: man sehe sich nur die plumpen Hände an. Ich weiss wohl, wie häufig auch auf besseren Vasen, Cisten und Spiegeln dieser Zeit Verzeichnungen der Glieder sind, doch scheint dies in unserem Falle wenig zu den übrigen Eigenschaften der Vorlage zu passen. Wenigstens dürften ihm die gröbsten Ungeschicklichkeiten zur Last zulegen sein. Und noch ein wenig müssen wir von seinem Verdienste in Abzug bringen. Der gleichmässige, flüssige Eindruck, den die Linienführung macht, ist wesentlich durch die Ausfüllung der Furchen durch eine weisse, kreideartige Masse erhöht. Spuren einer solchen Füllmasse sind noch auf einer grossen Anzahl von Cisten vorhanden, und ich nehme keinen Anstand, dieselbe auch für das Altertum bei vielen Cisten und Spiegeln vorauszusetzen. In unserem Falle lassen indes die leeren Gravierungen unter dem Füsschenbeschläg, sowie verschiedene Erscheinungen der Patina ein nachträgliches Überfahren von der Hand des Kunsthändlers erkennen.

7. Stil.

Was den Stil der Darstellung anbelangt, so haben die bisherigen Ausführungen bereits dargelegt, dass unsere Ciste, wenn auch sorgfältiger und geschickter als die Mehrzahl der pränestinischen gaviert, doch nicht von diesen getrennt werden kann.

Die pränestinische oder latinische Kunst verrät um diese Zeit ein eigentümliches Gemisch griechischer und einheimischer Elemente. Ich wüsste dafür nichts Bezeichnenderes anzuführen als die Bemerkungen Corssens über die Inschriften der unserer in mancher Beziehung nahestehenden Ciste Mon. IX, T. XXII. XXIII, die von Corssen vor das Ende des zweiten punischen Krieges gesetzt wird. Er schreibt (ann. 1870, S. 337): „Le iscrizioni della cista parte sono concepite in idioma prenestino-latino, parte ci offrono delle forme greche latinizzate, parte delle forme veramente greche non alterate." Dasselbe Neben- und Ineinandergehen verschiedener Kunstrichtungen zeigen die Cistendarstellungen selbst. Einzelne haben fast ganz hellenistischen, andere entschieden italischen Charakter, bei wieder anderen sind beide Elemente eigenartig gemengt. Als Vermittler dieses griechischen Einflusses hat man längst die Vasen angesehen. Und mit Recht, wie dies am besten unsere Ciste lehrt. Denn man hat bis jetzt wenige Beispiele von Cistenzeichnungen, die so sehr an Vasenmalerei erinnerten, wie die unsere. Und darin liegt auch ein gutes Teil ihres kunstgeschichtlichen Wertes. Dies fiel schon Furtwängler auf, der mit Hinweis auf die Matz'sche Beschreibung bemerkt (ann. 1877, S. 239): „ma i due Satiri barbati che si avvicinano alle donne ricordano più che altro i vasi dipinti".

Gewöhnlich teilt man den unteritalischen Vasen diese Rolle der Vorlagen zu (vgl. zuletzt namentlich Schippke in dem oben erwähnten Programm). Dies ist zweifelsohne für einige der besseren Cisten richtig, aber nur für einen kleinen Teil. Für die Mehrzahl derselben sind es nicht die unteritalischen Vasen, welche die nächsten Parallelen bieten, sondern die Erzeugnisse jener von Furtwängler im südöstlichen Etrurien nachgewiesenen griechischen Fabriken, welche in lokalem Betriebe ältere attische Vasen nachahmten[1]). In diesem Kreise fanden die Pränestiner offenbar die nächsten Vorlagen. Man vergleiche beispielsweise nur verschiedene Figuren des Marsyaskrater von Cervetri[2]), so wird man die angedeuteten Zusammenhänge nicht leugnen können.

---

1) Vgl. ann. 1877, S 195 f., 1878, S. 82 f.
2) Arch. Ztg. 1884, T. 5, oder des Krater von Nazzano Mon. X, T. LI.

— 25 —

Neuerdings hat sich dies Material noch bedeutend vermehrt. Es sind die Funde von Falerii, die in dem neuen Museum der Villa Papa Giulio in Rom vereinigt sind.[1] Leider ist von diesen Vasen bis jetzt fast nichts publiciert. Doch lässt die von Gamurrini, Röm. Mitt. II, T. X vorgelegte Vase mit der Inschrift CANVMEDE ... SPATER CVPICO MENERVA nach Inhalt und Stil der Darstellung schon manche der auf den pränestinischen Cisten und Spiegeln wiederkehrenden Eigentümlichkeiten erkennen.[2] Für die Spiegel glaubt man direkte Vorbilder in dem bemalten Innenrund mancher Schalen von Falerii zu sehen. Auch für allgemeinere Erscheinungen der Cistengravierungen liegt hier bereits die Erklärung. Ich brauche nur den Worten Schönes ann. 1866, S. 199 „. . . le sudette quatro ciste offrono un esempio molto istruttivo . . . . giacchè quantunque siano uscite fuori di dubbio dalla medesima officina, pur tuttavia mostrano graffiti di carattere diversissimo" gegenüberzuhalten, was Brizio über diese faliskischen Funde schreibt: „In Falerii, a giudicare dalla grande varietà di disegni, di composizione e di stili, che si nota nei vasi, sembra che fosse lasciata molta libertà all' ingegno ed alla capacità individuale dei pittori. Onde viene che in un breve periodo d'anni la ceramica falisca produsse vasi scadentissimi ed altri così belli, le cui figure sono disegnate con tanta finezza e così armonicamente composte che si scambierebbero facilmente con prodotti di fabbrica greca, se le iscrizioni latine apposte ai personaggi non li dichiarassero di schietto lavoro italico".

Die Wichtigkeit dieser Funde wird noch dadurch erhöht, dass wir in der Jahreszahl der Zerstörung der Stadt und Umsiedlung der Bevölkerung (241 v. Chr.) einen sicheren terminus ante quem haben. Die fraglichen Vasen sind aber noch vor die Mitte des dritten Jahrhunderts anzusetzen, was daraus ersichtlich ist, dass in derselben Nekropole noch Vasen mit Reliefbildern in ziemlicher Menge zum Vorschein kamen, die bekanntlich das Ende der Vasenmalerei bezeichnen. Damit stimmt ganz gut, dass die pränestinischen Cisten, von denen man eine Reihe nach deren Inschriften gegen das Ende des ersten punischen Krieges datiert[3], gewöhnlich ohne bemalte Vasen gefunden werden.

Den schon von Jahn und Jordan[4] versuchten Beweis, den Fabrikationsort der pränestinischen Cisten und Spiegel nach Rom zu verlegen, hat jetzt Gamurrini wiederaufgenommen; er verlegt folgerichtig auch denjenigen der Faliskischen Vasen dahin. Aber ausser der Inschrift der Ficoronischen Ciste (Novios Plautios Romai med fecid)

---

[1] Vgl. Brizio, Nuova Antologia v. 1. Dec. 1889, G. Dennis, the new Etruscan Museum at the Villa Papa Giulio 1890.
[2] Vgl. z. B. damit Gerhard, etr. Spiegel, T. 371, V T. 18.
[3] Vgl. Jordan, Krit. Beitr. z. Gesch. d. latein. Sprache (1879), S. 2 f.
[4] Jahn, d. Ficor. Ciste, S. 58 f, Jordan, Krit. Beitr., S. 14 f, Gamurrini, Röm. Mitt. II, S. 228 f.

und einigen wenig bezeichnenden, von ihm als spezifisch römisch angesehenen Darstellungen bringt er keine neuen Momente vor. Mit Recht wendet sich daher E. Brizio gegen ihn (Nuova Antologia 1889, 1. Dec., S. 433 und 439), indem er betont, dass bis jetzt nichts Derartiges in Rom gefunden sei, und für die lokale Fabrikation der faliskischen Vasen unter anderm auch die obenerwähnte Thatsache völlig übereinstimmender Vasenpaare aus den Gräbern von Falerii in Anspruch nimmt. Mit Recht! Zwar zweifle ich nicht daran, dass auch römische Metallhandwerker derartige Spiegel und Cisten machen konnten und gemacht haben wie die Meister in dem benachbarten Praeneste; ebensowenig möchte ich der römischen Töpfergilde zu nahe treten, die mit Heranziehung griechischer Arbeiter, wie es ja auch die faliskischen Töpfer zweifelsohne gethan haben, vielleicht ebenso gute und schöne Vasen hätten liefern können — doch sprechen eben weder Funde noch andere Thatsachen dafür, dass dieses wirklich in grösserem Umfange geschehen sei. Warum sollen wir also jenen beiden Städtchen die genannten Industriezweige absprechen, in deren Gräbern so viele Beweise derselben gefunden wurden. Aber die Ficoronische Ciste! Die Inschrift besagt allerdings, dass sie in Rom verfertigt ist. Allein der Stil der Zeichnungen zeigt auch, dass sie nichts mit den meisten pränestinischen Cisten und Spiegeln zu thun hat. In demselben Verhältnis, in dem diese zu den faliskischen Vasen, steht sie zu den eigentlichen unteritalisch-griechischen [1]. Daher die Feinheit und der warme Ton in der Darstellung! Wir werden uns also bei der bisherigen allgemeinen Ansicht bescheiden müssen und in unserer und der grösseren Anzahl der anderen Cisten dieser Zeit Erzeugnisse von Werkstätten und Fabriken erblicken, die ihren Sitz in dem sonnigen Landstädtchen der Latinerberge hatten.

8. Friese, Deckel und Beiwerk.

Nachdem wir so den Hauptbildstreifen unserer Ciste nach Inhalt, Composition, Technik und Stil behandelt haben, müssen wir der Friese gedenken. Doch genügen wenige Worte, da dieselbe Verzierungsweise schon von einer grossen Anzahl von Cisten bekannt ist. Tierfriese, wie der obere Abschluss einen enthält, begegnen uns häufig auch auf den Vasen, Spiegeln und anderen Geräten dieser Zeit. Sie sind der letzte Rest jener uralten Tierstreifen, die vor der bildlichen Darstellung menschlicher Handlungen die Gefässkörper zierten, dann eine Zeitlang gleiches Recht wie diese bean-

---

[1] Ich brauche nur an die Zeichnungen einiger der besseren Volutenamphoren zu erinnern. Hier finden sich auch Beispiele für die nicht gewöhnliche Friesverzierung der Ficoronischen Ciste (oben Köpfe zwischen Palmetten und Lotosblumen, unten in eigener Art mit Palmetten verknüpfte Sphinxe). Auch der Krater N. 1944 in Florenz, auf den mich v. Duhn aufmerksam machte, erinnert sehr an diese Ciste.

spruchten, zuletzt aber immer mehr zurückgedrängt wurden und sich mit einem bescheidenen Plätzchen am oberen oder unteren Rand, in einem schmalen Zwischenstreifen oder einem untergeordneten Teile des Gefässes oder Gerätes begnügen mussten. So sind auch die Köpfe zwischen den einzelnen Tieren nur durch den Raum bedingte Abkürzungen der ganzen Tiere, wie wir sie aus jenen älteren Tierkampfscenen kennen (vgl. Furtwängler, der Goldfund von Vettersfelde, S. 20 f.). Es ist ganz interessant, die einzelnen Stadien dieser Entwicklung zu verfolgen; doch ist hier nicht der Ort dazu. — Die Palmetten-Lotoskette, die häufigste Cisteneinfassung, ist in unserem Falle einfach und abwärts gerichtet, während sie sehr häufig auch gegenständig oder aufwärtsstrebend gebildet ist. Was dem tektonischen Aufbau mehr entspricht, werden wir später bei einer in anderem Zusammenhange sich ergebenden geschichtlichen Betrachtung dieser Friesverzierung erwägen. Doch sei noch auf die Schönheit und Sauberkeit ihrer Ausführung hingewiesen.

Auch die Schmückung des Deckels durch phantastische Seetiere ist so geläufig, dass ich keine Beispiele anzuführen brauche. In vollständigeren Darstellungen tragen sie bisweilen Nereiden. Es mag sein, dass sie gelegentlich in Beziehung zu dem Zwecke des Gerätes als Badekästchen gedacht werden, im allgemeinen aber ist kein tieferer Sinn dahinter zu suchen. Es leuchtet ja ein, wie gerade diese gewundenen Fischleiber zur Ausfüllung des Rundes geeignet waren.[1] Die Zeichnung der Tiere ist eine hervorragend schöne, während der umgebende Ölkranz nachlässiger gearbeitet ist, eine Beobachtung, die auch an vielen Spiegeln gemacht werden kann.[2]

Wir gehen nun zur näheren Behandlung des Beiwerks der Ciste über.

Die Füsschen sind mit einem geflügelten Knaben verziert, der in der Rechten einen undeutlichen Gegenstand hält. Dieselbe Figur begegnet uns noch auf einer grösseren Anzahl von Cistenfüsschen[3], und doch hat man nirgends mit Bestimmtheit sagen können, was jener Gegenstand vorstellt. Man hat ihn für eine Strigel, eine Fackel u. a. angesehen. Am besten gehen wir für Beurteilung desselben von den Füsschen der schönen Barberinischen Ciste Mon. VIII, T. XXVIIII, XXX aus, auf welchen derselbe Knabe in ähnlicher Haltung erscheint. Links von ihm sehen wir eine wasserspeiende Löwenmaske, rechts ein Balsamarium, eine Schale oder Muschel und eine Strigilis; er selbst macht sich mit beiden Händen an den Haaren zu schaffen. Hier ist also der Zusammenhang

---

[1] Michaelis, ann. 1876, S. 123. Ein griechisches Vorbild ist z. B. das Spiegelrelief ἐφ. ἀρχ. II, T. 6, 1.

[2] Benndorf, ann. 1871, S. 118.

[3] Ann. 1860, S. 120, bull. 1866, S. 80 f, ann. 1866, S. 192, n. 3. 4. 10, S. 193 n. 43. 44, ann. 1866, S. 389, Anm. 1, Friederichs, Kl. Kunst, n. 547a, Collection Castellani (Paris 1884), S. 38, n. 355, Mon. IX, T. XXII. XXIII.

der Figur mit dem Bade ganz klar, so dass wir sie ohne Bedenken Eros nennen dürfen.[1]) Es dürfte daher auch nicht reiner Zufall sein, dass diese Füsschen gerade an Cisten mit Bade- und Schmuckscenen so häufig vorkommen (vgl. z. B. ann. 1866, n. 22, 27, 28, 29). Die Füsschen jener Barberinischen Ciste und mit ihnen völlig übereinstimmende des Museo Kircheriano zeigen etwas älteren Charakter und kleine Abweichungen gegenüber denen unserer Ciste. Doch ist es zweifelsohne derselbe, wenn auch etwas modificierte Typus. Auch auf den Füsschen unserer Ciste streift der Eros mit der Linken durch das Haar. Der Gegenstand in der Rechten kann ein Balsamarium sein, unter dem sich eine Muschel(schale) befindet. Auch Collection Gréau, bronzes ant. (1885), n. 945 giesst Eros aus einem Alabastron in eine Muschel (vgl. auch Furtwängler, Sammlung Sabouroff, Nachtrag zu T. CXXIX). Sind aber beide Gegenstände als zusammenhängend zu denken, dann wird wohl nichts übrig bleiben, als eine Hacke anzunehmen, wie eine ähnliche der kauernde Junge mit Strigilis und Balsamarium auf der Ficoronischen Ciste neben sich hat.[2]) Uebrigens will es mir scheinen, dass Eros in verschiedenen Wiederholungen auch verschiedene Attribute hat. Man kann ganz gut den kauernden Eros mit seinen wechselnden Beigaben im unteren Abschnitt mancher Spiegel zum Vergleich beiziehen (Gerhard-Klügmann-Körte, etr. Spiegel V, S. 75 Anm. 5, S. 128).

Dass diese Verzierung der Füsschen auf ein altes Motiv zurückgeht, lässt sich leicht erweisen. In einem reichen, dem fünften Jahrhundert angehörigen Grabe von Chiusi (jetzt in Florenz, vgl. Not. d. scav. 1882, S. 51 f.) wurde ein viereckiges bronzenes Kästchen mit ähnlichen Füssen gefunden. Diese bestehen aus Tatzen und gehen oben in eine kapitälartige Verbreiterung über; oberhalb derselben sieht man einen geflügelten Knaben im Knielauf (nach rechts) dahineilen, welcher seine Linke vorstreckt, die Rechte an die Ferse des zurückgesetzten Fusses anlegt; Gesicht und Oberkörper sind in Vorderansicht gebildet. Zweifellos also ein Vorläufer unserer Cistenfüsschen. Übrigens enthielt dasselbe Grab einen Griff, welcher das bekannte Schema eines nackten, sich überschlagenden Mannes darstellt, ein Schema, das uns ebenfalls noch auf pränestinischen Cisten späterer Zeit häufig wieder begegnet.

Der Deckelgriff unserer Ciste wird durch zwei Ringer gebildet, ein ebenfalls sehr häufig wiederkehrendes Motiv.[3]) Doch weicht unsere Gruppe von dem gewöhnlichen

---

1) Über männliche und weibliche Genien bei der Toilette vgl. A. Dumont, bull. d. corr. hell. 1884, S. 394 f.

2) Vgl. über den palästrischen Gebrauch dieses Geräts Jahn, Ficor. Ciste S. 6 f., Reisch, Röm. Mitt. V., S. 333.

3) Sowohl Jüngling gegen Jüngling als auch gegen eine Frau („Peleus-Atalante"). Vgl. Schöne, ann. 1866, n. 13, 39, 40, S. 191, n. 6, ann. 1870, S. 344, n. 76, bull. 1870, S. 102, Friederichs, Kl. Kunst, n. 544, Mon. X, T. XLV 1 a, Mon. Suppl. T. XV. XVI, auch v. Sacken, die Bronzen in Wien T. XLV. 7. Ein weiteres Beispiel im Museo Civico in Perugia u. s.

Typus etwas ab, indem die Ringenden sich nicht nur am Schopf, sondern auch am Handgelenk packen, während gewöhnlich die äusseren Hände frei sind. Man sieht, dass in unserem Falle ein wirkliches Ringen stattfindet, während häufig nur der Eindruck des gegenseitigen sich Stützens vorhanden ist. Auch hier erkennen wir jetzt alte Überlieferung. Ich erinnere nur an den altetruskischen, bei Nidda in Oberhessen gefundenen Gefäss-Henkel (Lindenschmit, Altert. heidnischer Vorzeit II, Heft V, T. 2. n. 1). Ein ähnlicher, ebenfalls altetruskischer Henkel unbekannter Herkunft befindet sich im Museo Civico in Bologna, bei welchem die Stellung der Ringer noch mehr als bei dem Exemplare von Nidda an diejenige unserer Ciste erinnert.[1]) Ein etwas anderes Motiv zeigt ein Cistengriff aus den Giardini Margherita bei Bologna (fünftes Jahrhundert): zwei Jünglinge oder Gaukler beschreiben mit ihren Körpern einen Bogen, indem sie sich mit aneinandergestossenen Köpfen nach hinten umbiegen und sich bei den Händen fassen (vgl. Zannoni, scavi d. Certosa, S. 315). Diese beiden Figuren ruhen auf einer einzelnen Platte, nicht auf einer durchgehenden Standleiste, wie wir es bei unserer Ciste sehen.

Die Befestigung unserer Griffbasis ist durch zwei moderne Nieten mit Benützung der antiken Durchbohrungen bewerkstelligt. Doch zeigt der Deckel noch fünf weitere Löcher, für welche in der Leiste entsprechende Durchbohrungen fehlen. Es ist also klar, dass der jetzige Griff nicht von Haus aus zur Ciste gehört hat. Wer sich dessen, was wir oben über Vertauschungen von Cistengriffen in den Magazinen der Antiquare mitgeteilt haben, erinnert, wird zunächst um eine Erklärung nicht verlegen sein.

Indessen liegt der Fall doch nicht so einfach, da auch bei anderen Cisten ähnliche Erscheinungen beobachtet sind. Herr Professor Helbig hatte die Güte, sich hierüber in folgender Weise zu äussern. „Gestern besuchte ich die Sammlung Barberini und fand daselbst drei Cisten vor, deren Deckelgruppen ebenfalls nicht mit den auf dem Deckel vorhandenen Nägel- und Ansatzspuren stimmen. Auch hier muss die Vertauschung schon im Altertum stattgefunden haben, denn die Barberinischen Ausgrabungen wurden von einem sehr gewissenhaften und ganz verständigen Mann, dem Bibliothekar Picralisi überwacht, von dem es ganz undenkbar ist, dass er zu modernem Pasticcio die Hand geboten hätte. Auch scheinen mir die Ursachen solcher Vertauschungen hinlänglich klar. Die Cisten waren ja Toilettenkästchen. Es konnte wohl vorkommen, dass der Behälter einem Käufer oder einer Käuferin zusagte, nicht aber die Deckelgruppe. Da konnte dann, weil die Deckelgruppe abnehmbar war, das gerade auf der Ciste befindliche Exemplar abgenommen und durch ein anderes ersetzt werden. Besonders nah

---

[1]) Sie haben zwar auch die Knie auf die Volute des Beschlags gestützt, doch sind sie mehr aufgerichtet, die Köpfe infolge dessen mehr seitlich aneinander gelehnt. Auch sie fassen sich wie die Ringer der Ciste mit gekreuzten Händen am Schopfe, doch sind die äusseren Hände gesenkt.

lag die Vertauschung, wenn die Deckelgruppe, wie es bisweilen der Fall ist, einen aus dem Kreise der Toilette heraustretenden Gegenstand darstellte, z. B. um nur an zwei häufig vorkommende Typen dieser Art zu erinnern, zwei Krieger, die einen Gefallenen aus der Schlacht tragen oder Pallas im Begriff ein Pferd zu bändigen. Wie nahe lag es da dem Käufer oder der Käuferin, die Dame du comptoir zu ersuchen, dass sie eine so heterogene Darstellung durch eine andere, besser zu dem Zweck des Utensils stimmende ersetze". [1]) Darnach haben wir also zwischen der Annahme einer antiken oder modernen Vertauschung der Griffe die Wahl, worüber eine Entscheidung zu fällen ich mich nach der Sachlage nicht unterfangen möchte. Von den fünf erwähnten Löchern des Deckels unter der Basis werden übrigens wohl nur vier zur Aufnahme eiserner oder bronzener Nägel gedient haben; das mittlere dürfte für die Endigungen einer Öse sein, welche man auch auf unserer Standleiste gewahrt und die noch ein Ringchen umschliesst.[2])

9. Vergleich des Hauptbildes und des Beiwerks.

Vergleichen wir Technik und Kunst dieses Beiwerks der Ciste mit derjenigen der Gravierungen, so tritt ein starker Abstand hervor. Bei letzteren sehen wir Überlegung und Geschick in der Composition der Scenen, Gewandtheit und Sorgfalt beim Zeichnen und Gravieren. Dort sind die Figuren in grober handwerksmässiger Weise ausgeführt und nach dem Guss nur nachlässig und roh überarbeitet; die Standleiste greift weit über den vom Zeichner vorgesehenen Platz, die Scheibchen mit den Ringen sind in rücksichtslosester Weise z. T. mitten in die Zeichnung hineingesetzt.

Suchen wir nach einer Erklärung, so müssen wir zunächst feststellen, dass sich diese Erscheinung bei den meisten Cisten, vor allem auch bei der Ficoronischen wiederholt. Schöne hat für diese mit Recht die Behauptung aufgestellt, dass nicht dieselbe Hand, welche die wunderbaren Gravierungen geschaffen hat, auch das rohe Beiwerk zugefügt haben könne.[3]) Aber mit Unrecht erklärt er es als eine Zuthat späterer Zeit, was er bei den andern Cisten selbst ausschliesst. Vielmehr haben wir, wie bei den übrigen Cisten so auch bei der Ficoronischen an die Vorgänge fabrikmässiger Herstellung zu denken, was sich noch durch eine Reihe sonstiger Wahrnehmungen erweisen lässt. Wie bei unserer und mancher anderen Ciste der für die Basis des Griffes vorgezeichnete Raum nicht innegehalten wurde, sehen wir auch, dass die Ringe bisweilen

---

1) Vgl. Helbig, bull. 1866, S. 20 f.
2) Vgl. Schöne, ann. 1866, S. 196, Friederichs, Kl. Kunst n. 544.
3) Ann. 1866, S. 204 f.

an ganz anderen Stellen sitzen, als wo sie der Graveur vorgeritzt hatte (vgl. ann. 1866, n. 29 und S. 198). Dieselbe Eilfertigkeit und Nachlässigkeit bekundet auch ein grosser Teil der Inschriften (Jordan, Krit. Beiträge, S. 7). Verschiedene Grifffiguren scheinen aus derselben Form zu stammen und nur durch nachträgliches Aufsetzen eines anderen Kopfes abgeändert zu sein (vgl. die fast identische Gruppe der Ficor. Ciste und der Cista Napoleone, worüber Brunn, ann. 1862, S. 20). Den schönsten aller bisher bekannten Griffe soll eine Ciste mit sehr massiger Zeichnung besitzen (vgl. Fernique, étude sur Préneste, S. 155, 189, n. 76). Die Griffe und Füsschen verschiedener Cisten tragen eingekratzte Buchstaben und Zeichen, ja die zwei älteren Füsschen der Ficoronischen Ciste sollen den Namen der Macolnia wiederholen, den die Inschrift der Standleiste nennt (vgl. Schöne, ann. 1866, S. 156, 206, Jordan, krit. Beitr., S. 3). Alles dies zeigt zur Gewissheit, wie verschiedene Hände an der Verzierung und Vollendung des Gerätes beteiligt waren. Hatte der Graveur den cylindrischen Körper geschmückt, wanderte derselbe einstweilen in das „Schaufenster" oder direkt in die Hände eines gewöhnlichen Arbeiters. Gegossene Füsschen und Griffe verschiedenster Art waren in reichlicher Anzahl vorrätig. Der Meister oder Käufer wählte nach seinem Geschmacke aus und bezeichnete die zusammengehörigen Stücke bisweilen durch eingekratzte Buchstaben oder Inschriften. Es war dann die Sache eines Arbeiters, die einzelnen Teile durch Nietung oder Lötung zusammenzufügen, eine Aufgabe, der er auch meist in gleichgültigster Weise gegen die künstlerische Verzierung des Gerätes nachkam.[1])

Wir finden uns in voller Übereinstimmung mit Friederichs, wenn er Kl. Kunst im Altert. S. 126 schreibt: „Die Cisten, selbst die schönsten, sind im Sinne des Altertums eine ziemlich wertlose Fabrikarbeit. Dies geht deutlich aus der rohen Verbindung der Füsse und Henkel mit dem Gefäss hervor ... Man sieht, dass so Vieles, was uns den Eindruck der Kunst im eigentlichsten Sinne des Wortes macht, den Alten doch nur Fabrikarbeit war".

---

1) Vgl. auch Brunn, ann. 1862, S. 19, 1864 S. 374 f., Jahn, Fic. Ciste S. 53, Fernique, étude sur Préneste, S. 147. Ähnliche Erscheinungen bieten die Françoisvase (vgl. Michaelis, ann. 1876, S. 124, Anm. 2, allerdings auch Heberdey, Arch.-epigr. Mitt. a. Österreich XIII, S. 72 f.), eine viereckige Terracottaciste von Capua (v. Duhn, ann. 1879, S. 124), die mediceische Marmorvase, die Hildesheimer Silbergefässe u. a. kunstgewerbliche Erzeugnisse. Nach dem Dargelegten kann kein Zweifel sein, dass sich der Name des Plautios nur auf die Gravierungen des cylindrischen Körpers der Ficoronischen Ciste bezieht.

II.

Übersicht über die Entwicklung der Cistenform.

Es liegt auf der Hand, dass die Wiederholung desselben Motivs als Fuss- oder Griffverzierung als ein Hinweis für die Chronologie oder Fabrik verschiedener Cisten benützt werden kann. Indessen ist hier die grösste Vorsicht angebracht, weil dieselben Typen offenbar eine lange Dauer hatten, und das Beiwerk für sich einen Handelsartikel gebildet haben kann. Dies Argument darf daher nur in Verbindung mit andern, vor allem aus dem Stil der Zeichnungen und der Form des Gerätes hergeleiteten, angezogen werden.

Was den Stil der Zeichnungen betrifft, so wird es uns ja wohl mit der Zeit gelingen, verschiedene Perioden zu scheiden, vielleicht sogar verschiedene Gravierungen derselben Hand zuzuweisen. Vorderhand sind auch noch nicht einmal die Anfänge hierzu gemacht. Die Aufgabe, welche hier die Wissenschaft noch zu lösen hat, ist allerdings keine leichte. Denn die Entwicklung der Gattung, um die es sich wesentlich handelt, der pränestinischen Cisten im engern Sinn, hat sich in einem sehr kurzen Zeitraum vollzogen. Auch ist in diesem Zweige des Kunstgewerbes verhältnismässig wenig Hervorragendes geleistet worden, was schärfer hervortretende Anhaltspunkte gewährte.

Doch kommt auch hier Hülfe von einer Seite, die bis jetzt viel zu wenig berücksichtigt worden ist: aus der Form selbst. Es ist ganz ähnlich wie mit den Spiegeln[1]). Wir glauben oben erhärtet zu haben, wie die Entwicklung der äussern Form der Spiegel nach Grösse, Dicke, Wölbung, Umränderung der Scheibe, Grösse und Gestaltung des Mündungsstückes, nach Länge, Ausbildung und Befestigungsweise des Griffes häufig viel sicherere Anhaltspunkte für die zeitliche und örtliche Stellung des Gerätes giebt als der Stil der oft recht verschiedenartigen oder flüchtigen Gravierungen.

Gewöhnlich sieht man die Cisten als einen spezifisch pränestinischen Fabrikationsartikel des dritten und zweiten Jahrhunderts an, während sie in Wirklichkeit wie die Spiegel um diese Zeit schon eine Geschichte von mehr als einem halben Jahrtausend hinter sich haben. Und wie wir für die Spiegel das für die verschiedenen Zeiten Charakteristische nur durch einen Ueberblick der Gesamtentwicklung von Anfang bis zu Ende feststellen konnten, so müssen wir auch die ganze Geschichte der Cisten verfolgen, wenn wir hoffen wollen, gewisse Formen als für bestimmte Zeiten eigentümlich zu erweisen. Natürlich kann dies hier nur in grossen Zügen geschehen.

---

1) Hoffentlich wird man, falls es einmal zu einer Sammlung der Cisten kommen sollte, den bei Anlage des Spiegelwerks gemachten Fehler vermeiden, und die Form zu ihrem Rechte kommen lassen. In den neueren Heften von Klügmann-Körte tritt dieser Gesichtspunkt schon mehr hervor.

Wir müssen zu diesem Behufe einige gesicherte Punkte zu erreichen suchen und von da aus die Verbindungsfäden nach oben und unten ziehen.

Wiederum sind es die Ausgrabungen von Bologna, welche uns festen Boden verheissen. Beistehende, dem bekannten Werke von Zannoni, scavi della Certosa T. LXXX, Fig. 6 entnommene Ciste stammt aus einem etruskischen Grabe des Grundstücks De Luca, das nach den mitgefundenen Vasen, Fibeln etc. dem Ende des fünften Jahrh. angehört (vgl. Zannoni, S. 316). Der Körper, Deckel und Boden besteht aus Holz; doch ist der Cylinder oben und unten gegen den Rand, der Deckel in der Mitte mit Bronzeblech verkleidet.  Die Metallstreifen des Cylinders sind gegen die Ränder mit kleinen Löchern versehen und wellenförmig ausgeschnitten, der zwischen ihnen zu Tag tretende Holzkern war entweder bemalt (vgl. Zannoni, scavi, S. 242, Anm. 1) oder mit Leder überzogen, wie wir noch an andern Beispielen sehen werden. Auch das Beschlag des leicht gewölbten, eingreifenden Deckels, eine die Mitte bedeckende Scheibe, ist am Rande in gleicher Weise verziert; ebenso wohl der Blechstreifen, welcher am Rande des Deckels noch in einigen Resten vorhanden ist. Die kleinen Löcher können von der Befestigung herrühren. Auch hier war der Zwischenraum wohl ähnlich wie auf dem Cylinder behandelt. Als Griff dient ein nackter Mann, der seinen Körper in eine bogenförmige Krümmung gebracht hat. Das Gerät ruht auf drei Füsschen, gekrümmten, auf eiförmiger Unterlage aufsitzenden Tatzen, welche oben durch eine schmale, fast federartige Palmette zwischen zwei Seitenflügeln bekrönt sind[1]). Mit der Ciste, die ganz zusammengedrückt war, fanden sich einige Widderköpfe, die Zannoni in der Weise, wie die Skizze zeigt, also gewissermassen als Vorläufer der Scheibchen mit Ringen an der Ciste befestigt denkt. Doch scheint mir seine Reconstruction willkürlich und unharmonisch. Sie ist umso unwahrscheinlicher, als in mehreren Gräbern ähnliche Verzierungen, aber ohne jede Spur einer Ciste zum Vorschein kamen. Interessant ist, dass teils in teils mit der Ciste ein Spiegel, eine Patera und ein Kamm von Elfenbein gefunden wurde. Auch in andern etruskischen Gräbern stiess man auf Reste gleicher Cisten.

Noch einen zweiten, etwas abweichenden Typus brachten die Gräber von Bologna. So wurden in einem reichen Grabe des Giardino Margherita, das nach seinen Beigaben, namentlich der schönen Menelaosvase, um die Mitte des fünften Jahrhunderts zu datieren

---

1) Über ähnliche Füsschen aus dem fünften Jahrhundert vgl. im Karlsruher Bronzenkatalog n. 262. An der Zugehörigkeit der Füsschen zur Ciste zu zweifeln, sehe ich keinen Grund.

sein dürfte¹), zwei völlig übereinstimmende Cisten beistehender Form gefunden (nach
Zannoni, scavi T. LXXX. 8, S. 315). Der Körper zeigt ebenfalls einen cylindrischen
Holzkern, ist aber ganz von Bronzeblech verkleidet und ruht
auf drei Füsschen, die den vorigen ähnlich sind, doch etwas
älteren Stil verraten. Einen bemerkenswerten Unterschied
bilden zwei Bügelhenkel, die sich in zwei Ringen eines pal-
mettenförmigen Beschlages bewegen. Ueber die Verzierung
des Körpers bemerkt Zannoni: presso l'orlo, messo ad ovo-
letti intagliati, è una lunga fila di viticci a graffito. Die gleiche
Form und ähnliche, doch etwas reichlichere Verzierung hat die
Ciste des etwas jüngeren Grabes n. 231 der Certosa (Zannoni,
scavi T. LXXX 1—5, S. 313, 315). Auch hier war, wie bei den Bruchstücken einer Reihe
anderer von Zannoni erwähnter Cisten noch ein Holzkern vorhanden (S. 242, Anm. 1),
der aber vollständig mit Bronzeblech überzogen
ist. Das Beschläg für die Henkelattache, welche
dort eine Palmette zierte, ist hier mit einer Harpyie
geschmückt, während auf den Füsschen ein lagern-
der Silen mit einer Schale in der Hand dargestellt
ist. Die in der Nähe des Randes eingravierten
Bögen erinnern an die durchbrochene Verzierung
der erwähnten Ciste der Nekropole De Luca. Bei
einigen Cistenresten dieses Typus war noch zu
ersehen, dass der Deckel nicht übergriff.

Vergleichen wir die Form dieser in etruskischen Gräbern des fünften Jahrhunderts gefunde-
nen Geräte mit derjenigen unserer „pränestinischen" Cisten, so kann kein Zweifel sein,
dass wir dasselbe Geräte, wenn auch in älterer, etwas weniger entwickelter Gestalt, vor
uns haben.

Nachdem wir so durch die Bologneser Funde einen sichern Ausgangspunkt erlangt
haben, sind wir im Stande, einer ganzen Anzahl von Cisten, die bisher im grossen
Strom der „pränestinischen" mitgeschwommen waren, einen richtigeren Platz anzuweisen.
Wir haben gesehen, dass manche dieser Bologneser Cisten des fünften Jahrhunderts
noch nicht aus einem einzigen cylindrischen Metallkörper, sondern entsprechend der
noch primitiveren Technik aus einer Holzform bestehen, die nur an den Rändern mit

---

1) (Gozzadini), Not. d. sc. 1876, p. 51 f., v. Duhn, Atti e Memorie d. R. Dep. d. st. p. p. l.
provincie di Romagna III ser., vol. VIII, p. 3, Anm. 3.

Bronzeblech verkleidet war[1]). Dieselbe Erscheinung zeigen nun mehrere der von Schöne ann. 1866 zusammengestellten ciste Prenestine (n. 6.[?] 43. 50. 60). Bei einigen derselben ist noch zwischen den Metallbeschlägen eine Lederverkleidung vorhanden, während bei andern, wie der besprochenen Cista De Luca, der dazwischen zu Tage tretende hölzerne Körper bemalt gewesen zu sein scheint. Sie alle können wir daher jetzt direct an jene Bologneser angliedern (vgl. auch Zannoni, scavi, S. 242).

Hierher gehört auch eine Ciste, die bis jetzt ganz verkannt worden ist. Sie stammt aus Vulci und befindet sich im Museo Gregoriano (abg. Mus. Greg. I. 37, 4, erw. Schöne, ann. 1866, n. 10). Ihre Form ist schon Schöne aufgefallen, denn er schreibt: „essa è di forma assai singolare e rimane senza confronto fra le ciste che conosciamo perora". Es ist nämlich gar kein vollständiges Exemplar, sondern nur das untere Beschläg einer hölzernen Ciste, wie wir sie oben kennen gelernt haben, über das man direct einen Deckel gesetzt hat. Der obere Rand zeigt wie jene des Grundstücks De Luca eine durchbrochene Verzierung. Wir haben an der Skizze des Mus. Greg., T. I. 37, 4 durch Punktierung die ursprüngliche Form angedeutet. Es

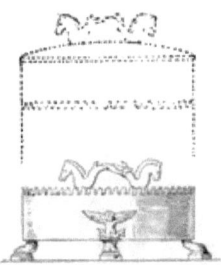

fehlen also der hölzerne (wohl mit Leder beschlagene) Cylinder und der obere Metallstreifen. Der Deckel ist am Rande so zerstört, dass man nicht mehr sicher sagen kann, ob er eingriff oder nicht. Doch ist ersteres wahrscheinlich. In der Mitte des Deckels ist ein rundes Loch ausgebrochen, das von einer wohl modernen Scheibe ersetzt ist. An mehreren Stellen des Deckels sind Spuren von Gravierungen wahrnehmbar, die aber wegen der dichten Oxydschicht nicht mehr zu erkennen sind. Erst nach gründlicherer Reinigung wird daher die Frage zu entscheiden sein, ob der Deckel überhaupt dazu gehört. Als Griff dienen zwei mit den Schwänzen verschlungene Hippokampen. Die Füsschen stehen auf vier Plättchen und sind mit einer e. f. gestellten, geflügelten Gestalt archaischen Stils verziert, welche in zwei Fischschwänze endigt und Arme und Hände ausstreckt. Unter diesen älteren Cisten sind ann. 1866 n. 43 und 60 besonders bemerkenswert, weil sie um den Körper herum Ringe haben (Schöne zu n. 43: a due terzi dell' altezza una striscia di cuojo gira intorno, attaccato al legno mediante dei perni in cui

---

[1]) Bildliche Darstellungen der Cisten auf Denkmälern dieser älteren Zeit könnte man vielleicht z. B. in den an der Wand hängenden Geräten des Wandgemäldes der Grotta dei vasi dipinti (Mon. IX, T. 14) und eines Karlsruher Spiegels sehen (Bronzenkatalog n. 224, T. v. 2).

[2]) Vgl. zu den Füsschen dieser Ciste die übereinstimmenden aus einem Grabe des Giardino Margherita bei Zannoni, scavi T. LXXX. 7, S. 315, vgl. auch ann. 1866, S. 193, n. 47.

nello stesso tempo sono applicati gli anelli). Wir sehen also, dass auch diese Zuthat schon älterer Zeit angehört, obwohl sie die Cisten von Bologna noch nicht zeigen. Bei n. 43 ist bereits der ganze hölzerne Deckel mit Bronzeblech verkleidet.

Eine interessante Stellung nimmt die Ciste ann. 1866, n. 45 (vgl. S. 196) ein (sie ist zwar wie n. 60 von ovaler Form, doch macht das in diesem Zusammenhang keinen Unterschied). Sie besteht schon ganz aus Bronze, die aber so dünn ist, dass noch ein Holzkern nötig war. Wir haben also hier ein Übergangsstadium zu der bei den eigentlichen pränestinischen Cisten zu beobachtenden Technik, wo der Cylinder aus einer einzigen Bronzeplatte getrieben ist. Während bei letzteren natürlich keine Naht vorhanden ist[1], bemerkt Schöne von jener ausdrücklich: „è rimarchevole che la lastra di rame che forma la parete verticale della cista, fa vedere una cucitura, ed è questo l'unico esempio che ne ho osservato. Mit dieser zeitlichen Stellung stimmt der ältere Stil der Grifffigur, sowie die getriebene Punktverzierung des Deckels überein, während später, wo das Metall dicker ist, nur Gravierung angewendet wird. Auch sie hat schon Ringe. (Vgl. auch Zannoni, scavi, S. 242, Anm. 1).

Überschen wir jetzt die Formen der „pränestinischen" Cisten, so sind sie fast ausnahmslos eine Weiterbildung jenes Typus, der durch die Cista De Luca vertreten ist. Doch wurde auch der andere Typus mit den Bügelhenkeln gelegentlich noch festgehalten. Vor allem ist es die bekannte Cista Napoleone (Mon. VI. VII, T. LXIV. 3, ann. 1866 n. 16), welche zwar auch einen Deckel mit Griff, daneben aber auch noch jene Bügelhenkel hat. Die Attachen derselben sind wie das besprochene Bologneser Exemplar (Zannoni, scavi T. LXXX. n. 1, Fernique, étude sur Préneste, S. 190, n. 82) mit Harpyien geschmückt. Diese Bügelhenkel weisen ebenso wie die Übereinstimmung der Griffgruppe mit derjenigen der Ficoronischen Ciste auf etwas höheres Alter gegenüber der grossen Masse der pränestinischen Cisten hin[2].

---

1) Fernique, étude sur Préneste, S. 146 ist allerdings der Ansicht, dass rechteckige Platten geschmiedeten Bronzeblechs zuerst graviert und dann zum Cylinder zusammengeschweisst seien. Als Beweis führt er die ovalen Cisten ann. 1866, n. 18 und 49 an, bei welchen der Bildstreif in der Mitte durchschnitten ist. Indessen scheint mir Schöne richtig bewiesen zu haben, dass sie ursprünglich cylindrische Gestalt hatten. Der obere Teil war offenbar zerstört, so dass man ihn abschnitt. Die erstere Ciste wurde vielleicht erst in neuerer Zeit, letztere wohl schon im Altertum in die heutige Form gebracht.

2) Ähnlich hat eine kleine, cylindrische, in Etrurien gefundene Ciste des Museums in Florenz neben dem Deckel mit Grifffigur unter der oberen Wulst vier Beschläge mit Ösen, worin sich noch ein Kettchen mit einem Bügel bewegt. Sie ruht auf drei unten in Hufe, oben in ein Kelchblatt endigende Füsschen. Der Griff ist durch eine nackte männliche Figur mit erhobener Rechte gebildet.

Diese beiden Cisten weichen, wie noch einige wenige andere, auch sonst von den übrigen pränestinischen Cisten etwas ab. Sie zeigen schlankere Verhältnisse, meist einen stärker gewölbten und zwar eingreifenden Deckel, Grifffiguren und Gravierungen von sorgfältigerem, etwas strengerem Charakter[1]. Dazu kommt, dass die Grifffiguren meist auf einzelnen Plättchen, nicht auf einer durchgehenden Standleiste ruhen, wie wir es oben S. 29 bei einem Cistengriff des fünften Jahrhunderts bemerkt haben. Bei der Ficoronischen Ciste besteht das innere, mit zwei Tiergruppen gravierte Rund des Deckels aus einer besonderen Scheibe, die am Rande zur Befestigung mit kleinen Löchern versehen ist. Alles dies sind Erscheinungen, die wir bereits bei dem Typus De Luca und den übrigen älteren vorgefunden haben. Da nun einige dieser Cisten aus stilistischen und epigraphischen Gründen sicher älter sind als die Mehrzahl der pränestinischen, dürfen wir zweifelsohne folgern, dass die ganze Gruppe etwas älter ist als die anderen und in ihrer Form noch Erinnerungen jenes älteren Typus von Bologna bewahrt hat. Wir werden sie z. T. noch in die erste Hälfte des dritten Jahrhunderts setzen dürfen.

Auf eine dieser nahestehende Gruppe hat schon Schöne, ann. 1866, S. 198 aufmerksam gemacht: „... sono affatto compagne tra loro, essendo esse non solo munite di piedi e di manichi identici, ma mostrando inoltre le medesime proporzioni più allungate del solito e la medesima costruzione del coperchio, il quale entra nel corpo invece di riceverlo come d'ordinario". Sie zeigen also ebenfalls noch einige der im vorhergehenden geschilderten Eigentümlichkeiten, wenn auch nicht mehr in so stark hervortretender Weise. Eine derselben (ann. 1866 n. 19, Mon. IX, T. 22. 23) hat lateinische Inschriften, die nach ann. 1870, S. 399 vor das Ende des zweiten punischen Krieges anzusetzen sind. Ein präciseres Datum hat sich bisher nicht gewinnen lassen. Sie schliessen sich m. E. direct an die behandelte Gruppe an.

Unsere Karlsruher Ciste hat einen übergreifenden Deckel wie die jüngeren pränestinischen Cisten im allgemeinen, doch noch etwas schlankere Form und nicht nur sorgfältigere, sondern auch etwas strengere Zeichnung als die meisten von diesen. Ich möchte daher glauben, dass sie der vorhergehenden Gruppe noch nahe steht; dafür dürfte auch ein Vergleich namentlich mit der erwähnten Ciste Mon. IX, T. 22. 23 sprechen.

---

1) Auf der Ciste Mon. Suppl. T. XIII (bull. 1869, S. 66), scheinen oberhalb des einen Fusses noch die Reste einer durchbrochenen gitterartigen Verzierung vorhanden zu sein, wie wir sie ähnlich auf den älteren Cisten gefunden haben. So würde auch begreiflich sein, warum gerade der mittlere Teil des Cylinders fehlt.

In diesem Zusammenhang leuchtet besonders ein, wie falsch Schönes Ansicht über das Beiwerk der Ficoronischen Ciste ist, wenn er ann. 1866, S. 205 f. schreibt: „la quale (Dindia Macolnia) più tardi, dopo aver usato forse già ella stessa la cista, ne volle far regalo alla sua figlia e la fece aggiustare nella maniera allora adottata, aggiungendovi i piedi ed il manubrio". Denn schon lange vorher waren, wie wir gesehen haben, die Cisten mit Griff und Füsschen versehen.

Ich glaube, wir müssen uns vor der Hand mit dieser Einreihung und zeitlichen Fixierung unserer Karlsruher Ciste begnügen lassen. Es hätte ja einen gewissen Reiz, stilistischen Ähnlichkeiten auf dieser und jener Ciste nachzugehen, um vielleicht dieselbe Hand wiederzufinden. Doch meine ich dieser Versuchung widerstehen zu müssen. Denn bevor nicht eine grössere Anzahl von Cisten in getreuer Zeichnung und mit genauer Angabe der Form vorliegt, könnte man da zu sehr voreiligen Schlüssen kommen.

Ich glaube nicht, durch vorstehende Beobachtungen über die Entwicklung der Form sämmtliche charakteristischen Erscheinungen erschöpft zu haben. Im Gegenteil ist mir noch manches aufgefallen, was ich hier nicht weiter ausführen kann und bin auch überzeugt, dass einem durch ein noch grösseres Material geschärften Auge noch Manches auffallen wird. Es genügt mir, durch das Dargelegte bewiesen zu haben, dass in einer schärferen Beobachtung der Entwicklung der Form auch hier der stilistischen Untersuchung sich ein Faden bietet, an dessen Hand sie Aussicht hat, erfolgreich die Wirrnisse zu durchdringen, die bis jetzt noch über dieser Denkmälergattung liegen.

2. Wir haben die Entwicklung der Cistenform von dem Bolognesertypus aus bis zu dem „pränestinischen" verfolgt; zur Vervollständigung des Bildes erübrigt noch, ihr auch nach rückwärts weiter nachzugehen.

Auch da winkt in der Ferne ein willkommener Wegweiser: die bekannte bei Praeneste ausgegrabene Silberciste[1]). Sie wurde in einem „tumulo costrutto di tufo" gefunden, zusammen mit einer Menge Gegenstände, welche denselben Charakter wie die Funde des berühmten Grabes Regulini-Galassi zeigen, also dem Ende des siebenten oder Anfang des sechsten Jahrhunderts angehören[2]). Der cylindrische Körper, sowie der Deckel besteht aus Holz (natürlich nur noch in Resten), das mit Streifen von Silberblech in ähnlicher Weise wie die Bologneser Cisten verkleidet ist. Die Verzierung des flachen Deckels (Palmetten und Lotosblüten um ein mit einem Stern ausgefülltes Mittelrund) und der beiden Randstreifen (oben Tiere, unten Palmetten-Lotoskette) ist in flachem Relief mit

---

1) Jetzt im capitolinischen Museum. Sie ist abg. Mon. VIII, T. XXVI, Archaeologia XLI (1867), T. X, XI, Daremberg-Saglio, dictionnaire I², S. 782, Martha, Manuel d'arch. étr. et rom., S. 33. Behandelt von Schöne ann. 1866, S. 186 f., Helbig, Führer durch d. öffentl. Samml. in Rom I, n. 614. Ist die etwas unproportionierte Form der Skizze der Mon. richtig?

2) Vgl. Helbig, d. homerische Epos², S. 31, 91; Furtwängler bei Roscher, Lex. d. Myth., S. 1756. Helbig ist auf Grund einiger mit etruskischen Inschriften versehenen silbernen Schalen des Caeretaner Grabes der Ansicht, dass man die Gräber des Typus Regulini-Galassi und der verwandten palestriner Gruppe nicht über den Anfang des sechsten Jahrhunderts hinaufrücken dürfe. Richtiger scheinen mir seine früheren Darlegungen ann. 1876, S. 227 gewesen zu sein, wo er den Zeitraum Mitte des siebenten bis Mitte des sechsten Jahrhunderts in Betracht zieht. Jene Gegenstände zeigen offenbar verschiedene Entwicklungsstadien und erstrecken sich also über einen etwas längeren Zeitraum. Es sind ja auch Gräber darunter, in denen ebenfalls jene mit Streifen bemalten Thongefässe gefunden wurden.

Gravierung hergestellt¹), die beiden Tierstreifen in der Mitte sind a giorno gearbeitet. Füsschen fehlen. Der Griff besteht aus einem Bügelhenkel, der an dem Cylinder durch ein Beschläg befestigt ist („pure d'argento, ma con bronzo dentro") ²). Wir haben also in dieser Ciste einen directen Vorgänger des zweiten Typus von Bologna, nur dass die Füsschen fehlen. Ein anderer, ebenfalls geringfügiger Unterschied ist der, dass die Castellanische Ciste nur einen Bügelhenkel hat. Es kann dies durch die kleineren Verhältnisse bedingt sein; vielleicht lässt sich aber auch der Verlust eines zweiten Henkels annehmen, und das liesse sich durch folgende Beobachtungen stützen: Rechts vom Henkelbeschlag der einen Seite sind noch zwei Löcher vorhanden. Es ist also entweder eine zweite derartige Attache vorauszusetzen oder die vorhandene ist nicht an ihrem ursprünglichen Platz. Dass aber thatsächlich in jenen zwei Löchern eine Attache befestigt war, beweist der Umstand, dass die kleinen umlaufenden Rippen des Randes an dieser Stelle flach gedrückt sind. An der jenen beiden Löchern gegenüberliegenden Stelle fehlt leider gerade das Metall. Nun bemerkt Schöne ann. 1866, S. 187 „rimarchevole si è che nella collezione Barberini evvi un altro esemplare d'un tale manubrio colle teste or mentovate, il quale è pure d'argento e sotto ogni risguardo identico col nostro; ed è quasi certo che abbia fatto parte d'una simile cista". Der Gedanke liegt also nahe, dass

---

1) Vgl. über diese Technik Milani, Mus. italiano d. antich. class. I, S. 328.
2) Mit der Verzierung des Beschlägs durch Palmette und Maske vgl. die Anhänger einer etwa gleichzeitigen Halskette Mon. 1855, T. X.

dies eben jener zweite Bügel der Castellanischen Ciste ist. Wie weit Fund- oder Erwerbungsverhältnisse etc. dafür sprechen, entzieht sich meiner Kenntnis. — Lehrreich ist, dass die Ciste bereits die Prinzipien der späteren Dekorationseinteilung aufweist. Der Hauptstreifen der Mitte, nach der Kunstweise der Zeit mit Tierstreifen ausgefüllt, wird oben durch einen Tierfries, unten durch eine Palmetten-Lotoskette abgeschlossen, also mutatis mutandis ganz dasselbe System, das wir auf den späteren pränestinischen Cisten angetroffen haben. Zu beachten ist auch, dass der untere Fries, wie sich Holwerda Jahrb. V, S. 239 ausdrückt, „so zusagen embryonal sowohl das alternierende, wie das gegenständige Lotos-Palmettenband enthält", welches wir gerade auf den besseren älteren pränestinischen Cisten wiederfinden. Auch der Deckel zeigt das Mittelrund, welches eine zweite Verzierungszone umgiebt.

Von Wichtigkeit ist die Frage nach der Herkunft dieser Ciste. Konnte man früher bei der Mangelhaftigkeit des Materials an ächt altetruskischen Ursprung denken (vgl. Schöne, ann. 1866, S. 206 f., Milchhöfer, Anfänge d. Kunst, S. 216), so war nach Helbigs und anderer Untersuchungen ein stärkerer phönikischer Einfluss unverkennbar[1]). Andererseits hat schon Brunn ann. 1866, S. 420 auf die Ähnlichkeit der Palmetten- und Lotosverzierung mit solchen des assyrischen Palastes von Koyundschik (Layard, monuments of Niniveh, ser. III, t. 56, nach Rawlinson zwischen 667—640 v. Ch.) hingewiesen und einen direkten Zusammenhang mit assyrischer Kunst festgestellt. Eine schärfere Analyse der in jener italischen Gräbergruppe gefundenen Gegenstände, sowie analoge Funde des Ostens lassen heute wohl keinen Zweifel, dass wir es mit einem Mischstil zu thun haben, sei es nun einer griechischen Kunst unter assyrischem Einfluss und phönikischer Oberleitung oder einer phönikischen unter starker griechischer und assyrischer Einwirkung, deren Centren an der kleinasiatischen Küste und auf den Inseln, namentlich Cypern, zu suchen sind[2]). Sollte man auch selbst annehmen, dass die Silberciste auf italischem Boden in Nachahmung eines importierten Vorbildes entstanden sei, so werden wir für den Typus selbst immerhin nach dem Osten verwiesen. Wir können also feststellen, dass der vorliegende, dem Ende des siebenten oder Anfang des sechsten Jahrhunderts angehörige Cistentypus nicht italischen Ursprungs ist.

Nach dieser Orientierung wenden wir uns wieder zu den Funden von Bologna. Es giebt hier noch ältere als jene, die etruskische Epoche bezeichnende Gräber: —

---

1) Vgl. auch Furtwängler, Bronzefunde von Olympia, S. 71, Anm. 1, S. 100, Anm. 2, v. Duhn, ann. 1879, S. 153, Anm. 4.

2) Vgl. die Bemerkungen Furtwänglers ann. 1880, S. 132 und bei Roscher, Lex. d. Myth., S. 1755 f., auch Studniczka, Mitt. a. Athen XII, S. 10, v. Duhn, Bonner Studien, S. 28, Anm. 47, Dümmler, Jahrb. II, S. 91, Röm. Mitt. II, S. 188 u. a. Speziell über die Ciste noch Brunn, ann. 1866, S. 411, Furtwängler bei Roscher, Lex., S. 1757 („derselben phönikischen Kunst des sechsten Jahrhunderts unter griechischem Einfluss gehört auch die silberne Ciste von Präneste an") und Holwerda, jahrb. V, S. 239 „eine lokale Nachahmung eines phönikischen Vorbildes".

die „umbrischen" der Villanovaperiode, welche (nach zeitlicher Abfolge) durch die Nekropolen der Grundstücke Arnoaldi, Tagliavini, stradello della Certosa (Arsenale), De Luca Benacci vertreten werden. In der jüngsten, der ältesten etruskischen Periode nahestehenden, z. T. vielleicht gleichzeitigen Gräbergruppe Arnoaldi wurde eine Ciste gefunden, welche beistehende Skizze nach Zannoni, scavi d. Certosa, T. CXLIX. 6 einigermassen veranschaulichen möge (vgl. Gozzadini, intorno agli scavi arch. fatti dal sig. Arnoaldi-Veli, T. VII, n. 6, S. 35). Eine Beschreibung derselben hat Brizio, Atti e Mem. d. R. Dep. Ser. III, vol. II (1884), S. 294 gegeben:

„Dal sepolcreto Arnoaldi è uscito un piccolo vaso cilindrico alto m. 0,155 diam. 0,11, di bronzo con le coste unite e ribattute con chiodi, ornato di figure a sbalzo disgraziatamente per maggior parte perdute. Vi si scorgono ancora un tronco d'albero, la parte posteriore ed il collo con la criniera di un cavallo, sul dorso del quale appare la parte superiore di un uomo in atto di stendere il braccio, due zampe posteriori di un altro quadrupede più piccolo, forse cane, ed un secondo albero .... Gli orli superiore ed inferiore del vaso, sono rafforzati con una triscia ornata di foglie formate da un gambo verticale che termina in una specie di palmette con due volute laterali, come le volute dei due manici nella situla Certosa."

Sie stimmt also im wesentlichen mit dem zweiten, oben betrachteten Cistentypus aus den etruskischen Gräbern Bolognas überein, hat aber auch bezeichnende Abweichungen. Der Körper besteht zwar schon aus einer längs der Mitte zusammengenieteten Bronzeblechplatte, die (fehlenden) Bügelhenkel sind durch die Ringe am oberen Rand gesichert, das Dekorationsprinzip ist dasselbe wie in der ganzen Folgezeit. Dagegen fehlen die Füsschen, wie auch an der Silberciste, und die Verzierung ist nicht, wie wir es bei den etruskischen Exemplaren gesehen haben, graviert, sondern getrieben, wie es das dünne, ursprünglich vielleicht auch noch durch einen Holzkern geschützte Blech ermöglichte. Eine zweite nach der Form übereinstimmende, aber mit getriebenen Buckelchen geschmückte Ciste hat noch einen Bügelhenkel (vgl. Not. d. scav. 1890, S. 136). Dieselbe Form kehrt auch in zahlreichen Nachbildungen in Thon wieder, die teils mit geometrischen Ornamenten, teils mit primitiven Tierfiguren dekoriert sind[1]); doch entbehren sie natürlich der Bügelhenkel.

[1]) Ähnlich ist auch die Ciste bei Gozzadini, di ult. scoperte n. ant. necrop. a Marzabotto (1870), T. 14. 4, vgl. S. 32. Sie hat aber keine Bügelhenkel, der mit einem handförmigen Griff versehene Deckel ist schon ein wenig gewölbt, die Verzierung besteht aus „a punzone" hergestellten, auf- und abwärts gerichteten Palmetten am unteren bezw. oberen Rande. Der Form nach erinnert sie an gewisse ältere griechische Thonbüchsen (Pyxis), von denen noch später die Rede sein wird.

Ausserdem aber fanden sich in den Gräbern Tagliavini-Arnoaldi mehrere Exemplare jener wegen ihrer Verzierung durch Rippen gewöhnlich „ciste a cordoni" genannten Geräte, mit Deckel und Handhaben an den Seiten, welche zwischen den Rippen meist mit Reihen getriebener Buckelchen verziert sind. Wir werden daher auch der gelegentlich schon aufgeworfenen, aber noch nirgends eingehender behandelten Frage[1]) näher treten müssen, in welchem Verhältnis diese ciste a cordoni zu unserem Typus stehen.

Dieselben Formen der glatten Cisten sowohl wie die der ciste a cordoni mit Handhaben kommen in der den Arnoaldi-Gräbern nahestehenden „umbrischen" Nekropole des stradello della Certosa und beim Arsenal vor, und zwar ebenfalls in Thon und in Bronze. Auch sie zeigen sowohl geometrische wie figürliche Verzierung. In letzterer Beziehung ist eine cista a cordoni hervorzuheben, welche einen getriebenen, von Buckelchen eingefassten Tierstreifen aufweist.

Die Benacci-Gräber repräsentieren eine ältere und jüngere Entwicklung, die man gewöhnlich kurz Benacci I und Benacci II bezeichnet. In Benacci II sind ebenfalls alle die besprochenen Formen vertreten. Hier ist in Grab 73 ein sehr hübsches Exemplar einer glatten Ciste zu erwähnen, deren Körper mit getriebenen geometrischen Mustern und kleinen Enten geschmückt ist; am oberen Rand sind vier Enten primitiven Stils mit durchlöcherten Augen befestigt; die Bügelhenkel fehlen[2]). Aber neben der Form der ciste a cordoni mit seitlichen Handhaben, wie wir sie bis jetzt gesehen haben, findet sich auch die Form mit Bügelhenkel, ganz wie bei dem gewöhnlichen Cistentypus (vgl. auch Not. 1882, S. 153, Anm. 2). In Thon liegen sehr viele Nachahmungen sowohl der glatten Cisten als der gerippten vor.

In Benacci I, den bis jetzt ältesten Gräbern Bolognas,[3]) ist bis jetzt keine glatte Ciste, weder aus Bronze noch in Thon, gefunden, dagegen eine kleine cista a cordoni von Bronze (Grab 891), welche mit Reihen getriebener Buckelchen verziert ist und einen kräftigen gewundenen Bügelhenkel hat (vgl. Zannoni, scavi S. 236). Sie unterscheidet sich von der glatten Form, wie sie auch die Silberciste von Praeneste zeigt, nur durch die indessen noch

---

[1]) Conze, ann. 1874, S. 169, Helbig, ann. 1880, S. 253 (ann. 1884, S. 171).
[2]) Vgl. Zannoni, scavi, S. 238 und 314, wegen der Randverzierung bull. 1881, S. 177, Not. 1889, T. I. 28.
[3]) Der Fund von San Francesco ist älter, aber kein Grabfund.

— 43 —

nicht stark ausgebildeten Rippen[1]). Dagegen stimmen die glatten Cisten von Benacci II vollständig mit der Silberciste überein.

Was also die angeregte Frage wegen des Zusammenhangs der „ciste a cordoni" mit dem eigentlichen Cistentypus anlangt, so ersehen wir, dass sie in dem ältesten Stadium, das wir bis jetzt feststellen können, sich von diesem Typus weder nach der Form des Cylinders, noch den Handhaben, noch der bildlichen Verzierungsweise, sondern nur durch die um den Körper herumgelegten und ursprünglich vielleicht als Trennung der Bildstreifen aufgefassten Ringe unterscheiden, ja dass auch die glatten bisweilen leise Andeutungen von Rippen zeigen. Auch haben die älteren Cisten a cordoni ebenfalls Holzeinlagen (vgl. Zannoni scavi, S. 242) und verraten dieselbe Technik im Zusammenfügen der Platte, wie die glatten[2]). Bereits in den jüngeren Benaccigräbern findet sich die Form der ciste a cordoni mit den seitlichen Handhaben, die später fast ausschliesslich zur Geltung kommen. Erst von hier ab nehmen sie, wie es scheint, eine verschiedene Sonderentwicklung. Sie werden grösser als die glatten Cisten, die geometrische oder figürliche Verzierung zwischen den Rippen verschwindet allmählich; in Folge dessen werden die Rippen enger gestellt und zahlreicher.

Dass auch noch in späterer Zeit beide Gattungen, die glatten und die gerippten, auf einander Einfluss übten, zeigt ein bei Vulci gefundenes Beispiel: una cista cilindrica con quattro cordoni orizzontali rilevati a sbalzo: i piedi hanno la forma di unghie forcute, sormontate da teste di Medusa; manca il coperchio (bull. 1880, S. 213, ann. 1880, S. 254). Ein weiteres Beispiel werden wir später kennen lernen.

Auf einen Unterschied im Gebrauch der beiden Cistenarten hat schon Zannoni, scavi, S. 239 richtig hingewiesen: „le ciste a cordoni contenevano constantemente ossa umana combuste, le altre a ventre liscio od ornate a pieducci giacevano nei sepolcri come supellettile insieme agli altri vasi ed oggetti, non altrimenti che le ciste e le cistelle fittili del periodo della decorazione geometrica od umbro e giacevano desse nei più ricchi sepolcri. Per contrario le ciste a cordoni, racchiudenti le ossa combuste accennano a sepolcri modesti". Die eine Art war also ein wirkliches Schmuckgeräte — man hat auch in Bologna Toilettengegenstände darin gefunden —, während die andere immer mehr

---

1) Übrigens hat auch die Silberciste am oberen Rande, wenn auch nur leicht, angedeutete Rippen.

2) Die „ciste a cordoni" haben (ebenso wie die älteren Situlen) alle auf der Seite Nähte, wo die Blechplatten durch grosse flache Nieten verbunden sind. Ich kenne keine, die wie die spätern Cisten aus einer Platte getrieben wäre. Es hängt dies wohl mit technischen Gründen zusammen, da die erhabenen Rippen durch Pressen hergestellt wurden. Über die Technik vgl. v. Sacken, d. Gräberfeld zu Hallstatt, S. 97 f, Naue, d. Hügelgräber zwischen Ammer- und Staffelsee S. 139 f., Wosinszky Mor, Archaeologiai Ertesitö 1885, S. 73 f. (Fund von Kurd).

als Grabgeräte in Gebrauch kam, wobei eine ähnliche altitalische Ossuarienform die Vermittlung gegeben haben mag.

3. Wir stehen jetzt vor der wichtigen, aber schwierigen Frage der Herkunft dieser älteren Bologneser Cisten. Eine Reihe italienischer Gelehrten wie Cavedoni, Conestabile, Gozzadini, Zannoni nehmen einheimischen Ursprung an. Am ausführlichsten hat der letztere diese Frage behandelt. Er sagt (scavi, S. 241), da für die ältere Periode das Bologneser Gebiet 275 Thoncisten und 29 Cisten von Bronze, das sonstige Italien von letzteren nur 12, das ganze übrige Europa 14 habe, da ferner aus der etruskischen Zeit in Bologna 26 Cisten, im sonstigen Italien nur 3 und im übrigen Europa im ganzen nur 10 gefunden seien, könne kein Zweifel sein, dass Bologna selbst das Fabrikationscentrum der glatten und der gerippten Cisten gewesen sei. Diese „umbrische" Industrie hätten dann die Etrusker übernommen. Und er fährt fort: è questo il tipo nato qui dapprima come tutti gli altri vasi fittili da una stessa e comune materia, l'argilla; è nato sull'archetipo della rozza e modesta cistella intessuta di vinchi, da onde i cordoni, poi tramutato in bronzo, il quale coprendo l'ossatura (anima) di legno cilindrica ne rese e nobilitò l'imagine (S. 242).

Was zunächst den letzteren Punkt betrifft, so ist gerade das Gegenteil richtig. Mag immerhin die Form der gerippten Cisten ursprünglich der Korbflechterei ihre Entstehung verdanken[1]), so waren doch für die Bologneser Cisten Metallvorbilder massgebend. Wer unbefangen die reichen Serien von thönernen Cisten, Situlen und anderen Thon-Gefässen der älteren Periode im Museum zu Bologna durchmustert, wird sicher den Eindruck erhalten, dass alle diese Formen ursprünglich in Metall erfunden sind. Dasselbe beweist die eingestempelte Verzierung, welche unverkennbar in Nachahmung der a sbalzo verzierten Bronzeblechgeräte gemacht ist. Daran kann kein Zweifel mehr sein, nachdem Pigorini in seinem schönen Artikel bull. d. pal. Ital. XIII (1887), S. 73 f. (vgl. auch XIV, S. 210 f., XV, S. 204) auf breiterer Grundlage gezeigt hat, wie überhaupt der grössere Teil der Thongefässe der Villanovaperiode Nachahmungen meist importierter Bronzegefässe sind. Ich selbst habe vieles Material nach dieser Richtung gesammelt und stimme Pigorini vollständig bei. Kann man sich einen besseren Beweis denken, als jene Thonsitulen der euganeischen Gruppe, welche häufig über und über mit Bronzeknöpfchen bedeckt sind und augenscheinlich die Muster der a sbalzo verzierten Bronzesitulen nachahmen?[2]) Einen schlagenden Beweis für Pigorinis Ansicht über die Priorität

---
1) Vgl. Kekulé, Arch. Anz. 1890, S. 106 f.

2) Vgl. Prosdocimi, Not. 1882, S. 20, Ghirardini, la Collezione Baratela di Este (Roma 1888), S. 192, 209 (Not. 1882, S. 176 f.). Bei den Thonsitulen sind gewöhnlich, wie bei denen aus Bronze, der Mündungsrand und die Schulter mit jenen Bronzeknöpfchen verziert, bisweilen hat auch der Bauch in dieser Weise hergestellte Mäanderstreifen und Kreise. Diese sämmtlichen Verzierungen,

der Metallgefässe haben dann die Ausgrabungen von Falerii geliefert. Während hier in den ältesten Gräbern, wie in Bologna, die grösste Einfachheit und Dürftigkeit an Gefässformen aus Thon herrscht (solche von Bronze fehlen ganz), tritt auf einmal die grösste Mannigfaltigkeit ein [1]). Brizio führt dies nach Pigorinis Vorgang auf den Verkehr mit den Phönikern zurück, „i quali importavano una quantità straordinaria di oggetti metallici, di cui gl'indigeni cominciarano ad imitare e riprodurre le forme e gli ornati. Di tale imitazione si hanno le prove nel fatto che le nuove forme dei vasi falisci sono riproduzioni di noti prototipi fenizi in bronzo". Er sucht dies an einer Reihe thönerner Gefässe und Geräte nachzuweisen, welche auch nach der Verzierungsweise genau mit solchen von Bronze aus Gräbern des Typus Regulini-Galassi übereinstimmen. Auch die Etrusker hätten diese phönikische Importware in ihrer Weise nachgeahmt. Einen weiteren Fall des Ersatzes von Bronzecisten durch thönerne erwähnt Orsi aus Istrien (bull. d. pal. it. XI, S. 75 „certo è che l'importazione di questi molto ricercati vasi di lamina provocò tosto dei tentativi di riproduzione in terra cotta"). Vgl. auch bull. d. Inst. 1884, S. 195. Ich denke, dass diese Darlegungen genügen, auch den Bronzecisten von Bologna die Priorität vor den thönernen zu gewährleisten.

natürlich in getriebener Arbeit, zeigt z. B. eine Bronzesitula des Grabes N. 22 (Mus. Este). Dieselbe Erscheinung des Ersatzes der Bronzegefässe durch thönerne mit Bronzeknöpfchen findet sich auch in S. Lucia, in krainischen Grabfeldern, Maria Rast, Casinalbo, Bologna, Tarquinii, Praeneste, Falerii u. s. und dürfte in Gräbern dieser Periode mit der Zeit noch häufiger zu Tage treten. Neuerdings will auch Brizio an Gefässen der Benacciperiode eine ähnliche Beobachtung gemacht haben, wo, wie es scheint, die Mäanderstreifen durch eingelegte (jetzt verschwundene) Metallplättchen gebildet waren (Not. 1889, S. 300 und S. 306/7). Mit Recht verweist er auch auf ähnliche in den Pfahlbauten der Schweiz gefundene Thongefässe mit Zinnstreifeneinlagen (Gross, les Protohelvètes, S. 97), zu vergleichen sind auch Thongefässe mit Bleilamellen aus Kärnthen (Corr. Bl. f. Anthr. etc. XX (1889), S. 183).

Mit dieser Vorliebe für Metallwaren hängt auch das völlige Zurücktreten der Malerei in der Villanovaperiode zusammen. Nachdem in ältester Zeit sich auf dem von uns ins Auge gefassten Gebiet Spuren der Bemalung von Thongefässen, wenn auch vereinzelt, gefunden haben, verschwindet sie während dieser Zeit der Nachahmung der Metallware fast völlig gegenüber der Verzierung durch Gravierung oder Stempelung, bis sie unter dem Einfluss der importierten griechischen bemalten Vasen wieder einigermassen bemerklich wird, und zwar im Süden früher als im Norden. So ist eine Anzahl von Thongefässen aus Falerii, welche bekannte Metallformen nachahmen, mit rotaufgemalter geometrischer Verzierung bedeckt. In der Sammlung Nazari in Este befindet sich eine schwarz und rot bemalte, wohl schon dem fünften Jahrhundert angehörige Nachahmung einer bronzenen Schnabelkanne; der Hals ist scharf abgesetzt, die Attache des Bronzeoriginals mit Palmette und Schlangenausläufer ist genau imitiert. Bezeichnend sind hier die Fundumstände; sie soll mit Bruchstücken griechischer Vasen sowie auch eines Bronzegefässes gefunden sein (vgl. Soranzo, scavi e scoperte nei poderi Nazari di Este, Roma 1885, T. V. 13 (S. 68).

1) Vgl. E. Brizio, Nuova Antologia XXIV, Ser. III (1889) 1. Dec.

Wir wenden uns zu der von Zannoni vorgebrachten Statistik. Sie hätte vielleicht Beweiskraft, wenn die älteren Teile der unteritalischen Nekropolen in gleich systematischer Weise ausgegraben wären, wie dies für Bologna namentlich auch durch Zannonis Verdienst geschehen ist. Ausserdem sind aber seit jener Zusammenstellung Zannonis in Cumae, Tarent und anderen Punkten Italiens, sowie auch des übrigen Europas eine Reihe weiterer Cisten gefunden worden, so dass eine neue Statistik ein wesentlich anderes Aussehen hätte (vgl. Helbig, d. hom. Epos², S. 45).

Auf Grund dieser neuen Funde haben Helbig (ann. 1880, S. 252 f., bull. 1881, S. 193) und v. Duhn (Röm. Mitt. II, S. 269) als Fabrikationscentrum dieser Cisten geradezu Cumae bezw. die chalkidischen Kolonieen Unteritaliens angenommen. Die Einwendungen Milchhöfers (die Anfänge der Kunst, S. 211) sagen wenig. Dagegen scheint mir eine Bemerkung Orsi's geradezu durchschlagend zu sein. Er schreibt bull. d. pal. it. XI, S. 75 „ma pure accettando la provenienza meridionale delle ciste a cordoni non dissimulo le difficoltà che contro questa teoria fanno insorgere gli scavi bolognesi. Infatti ciste di terra cotta a cordoni più o meno fitti si trovano abbondanti negli strati Benacci insieme a rari esemplari metallici di quelle dette paleoetrusche dal Gozzadini. E comunque i tipi fittili si vogliano ammettere copie di quelli in metallo, o meglio prototipi ai medesimi da ciste p. e. di vimini, è indubitato che gli strati Benacci sono anteriori allo strato archeologico onde provengono le poche ciste a cordoni dell' Italia meridionale. Dunque si dovrebbe quasi supporre che questo tipo di vaso sia nato a Bologna." Sein Bedenken wegen des Alters der Benaccigräber ist unabweisbar, seine Schlussfolgerung allerdings falsch. Mag man auch für die Benaccigräber, wie manche wollen, ein höheres Alter ansetzen oder mit andern bis in das siebente Jahrhundert herunterrücken, so viel steht fest, dass sich in ihnen bis jetzt nicht das geringste Zeichen eines Verkehrs mit den griechischen Kolonieen Unteritaliens gefunden hat. Also sind Beziehungen mit Cumae ausgeschlossen.[1]) Müssen wir aber deshalb den von Orsi angedeuteten Schluss einheimischer Fabrikation ziehen? Gewiss nicht. Sondern an beide Orte kann die Cistenform von einem dritten gekommen sein.

Eine analoge Erscheinung wurde in jüngster Zeit von Orsi selbst bekannt gegeben. Er hat im bull. d. pal. it. XV (1889), S. 197 f. eine Anzahl vorhellenischer Thongefässe aus Sicilien publiciert, welche wesentlich auch nur für den Grabgebrauch bestimmt waren. Sie haben unverkennbare Ähnlichkeit mit solchen von Falerii und der euganeischen Gruppe. Orsi selbst schreibt (S. 204, Anm. 1) „dei tipi da lui (Prosdocimi, Soranzo) prodotti (von Este) alcuni hanno effettivamente più che delle somiglianze delle identità

---

[1]) Auch in einer der Villanovacultur gleichaltrigen Gräbergruppe in Tolentino wurde eine Ciste mit Bügelhenkeln und Rippen gefunden (ann. 1881 tav. I², n. 7, vgl. Brizio, Atti e Mem. d. R. Dep. 1884, S. 310.

coi vasi siciliani." Und doch schliesst er mit Recht jeden direkten Zusammenhang zwischen beiden Gruppen aus und vermutet imitazioni di altri fittili o metallici dell' Oriente.

Wir haben gesagt, dass sich in den Benaccigräbern keine Spur unteritalisch-griechischen Handels nachweisen lässt. Dagegen zeigen sie, wie die älteren Gräber der Villanovakultur überhaupt, viele vom Osten importierte Gegenstände, namentlich Glasperlen, die man gewöhnlich phönikischen Fabriken zuschreibt.[1] Wenn wir nun sehen, wie ein Bronzegerät der Villanovaperiode nach dem andern sich auf solche vom Osten überkommene Vorbilder zurückführen lässt, was Furtwängler für die Kratere, Pigorini und Brizio für eine Reihe anderer Formen dargethan haben; wenn wir thatsächlich in einem Grabe vom Ende des siebenten oder Anfang des sechsten Jahrhunderts in Präneste eine nachweisbar vom Osten stammende Cistenform finden, wie sie auch in den ältesten, noch vom unteritalisch-griechischen Einfluss unberührten Gräbern Bolognas wiederkehrt, — dann dürfen wir wohl mit ziemlicher Sicherheit annehmen, dass jene Cistenform vom Osten nach Italien und zwar an verschiedene Orte zugleich gebracht worden ist.

Ich habe mit Absicht nur „vom Osten" gesagt; manche werden allerdings ohne weiteres „von den Phönikern" dafür einsetzen. Doch liegen Erscheinungen vor, die etwas zur Vorsicht mahnen. Ich erinnere nur an die zwei Grabstelen von Pesaro,[2] welche in nächster Beziehung zu den mykenischen Funden stehen, — an das Thorrelief von Bologna, welches schon Undset in Parallele zum Löwenthor in Mykene gesetzt hat, — an die vielen Analogieen zwischen den Bologneser und mykenischen Grabstelen. Undset schreibt Ztschr. f. Ethn. 1883, S. 215 „Zur Zeit der mykenischen Cultur im griechischen Archipel drangen bereits dreiste Seefahrer tief ins adriatische Meer ... Das uralte Thorrelief von Bologna tritt uns als ein erste Zeugnis entgegen, wie auch diese Einflüsse von der Küste ins Innere weiter vorgedrungen sind." Doch denkt auch Undset an die Phöniker. Ich erinnere ferner an die älteste Fibelform aus dünnem Draht, welche in gleicher Weise in den spätmykenischen Gräbern und den jüngsten Schichten der terramare in Oberitalien vorkommt.[3] Auch andere Funde und Nachrichten der Alten haben längst ahnen lassen, dass schon lange vor der griechischen Kolonisation Unteritaliens um den istrischen Meerbusen herum[4] ein Landverkehr zwischen der apennischen und Balkan-Halbinsel stattgefunden und dass das älteste Stadium der Villanovaperiode

---

[1] Vgl. Helbig, ann. 1875, S. 254, 1877, S. 409, 1884, S. 142, hom. Epos², S. 21 f., Undset, ann. 1885, S. 56, 74 f., Pigorini, bull. d. pal. ital. XIII, S. 79, Anm. 2.

[2] Vgl. Undset, Ztschr. f. Ethn. 1883, S. 209 f. Jetzt hat auch auf Sicilien Orsi an vorhellenischen Gräbern Steinthüren mit Spiralverzierungen gefunden, die ganz mykenischen Stelen entsprechen (briefliche Mitteilung an Herrn Prof. v. Duhn).

[3] Vgl. Pigorini, bull. pal. XVI, S. 38 f., 148 f. und v. Duhn, Bonner Studien, S. 27, Anm. 38, bull. pal. XVI, S. 117.

[4] Vgl. auch C. Pauli, Altitalische Forschungen III, S. 413 f. über die verschiedenen illyrischen Invasionen in Italien.

durch eine auf der Balkanhalbinsel herrschende Kultur beeinflusst, vielleicht sogar bedingt ist.¹) Schliesslich sei noch der vielfachen Übereinstimmungen zwischen den ältesten griechischen Vasengattungen und solchen der Villanovaperiode und ältesten etruskischen Keramik gedacht, wobei ich namentlich die sog. Bucchero- und Red ware-Keramik, auch die Dipylongattung im Auge habe. Am einfachsten lässt sich ja allerdings diese Gemeinsamkeit durch phönikische Vermittlung erklären. Und es dürfte auch wohl kein Zweifel sein, dass die Mehrzahl der griechischen und italischen Gefäss- und Gerätformen ursprünglich auf phönikische oder allgemeiner gesagt orientalische Metalltypen zurückgehen. Indessen bin ich doch der Ansicht, dass die angedeuteten Erscheinungen es nahe legen, wenigstens für manche Gegenden Italiens direkten Verkehr mit der Balkanhalbinsel anzunehmen, bevor der phönikische Handel in die betreffenden Gegenden drang. So könnte ich mir leicht denken, dass die Cistenform auf diesem Wege nach Oberitalien kam, nachdem sie sich auf der Balkanhalbinsel selbst unter orientalischen Vorbildern entwickelt hatte. In andern Gegenden Italiens hinwieder mag sie durch überseeischen Verkehr, z. T. auch direkt mit Vorderasien, gelangt sein. Spuren ihres Vorkommens auf griechischem Boden werden wir thatsächlich später kennen lernen.

Also an eine italische oder spez. chalkidische Entstehung dieses Typus kann ich nicht glauben. Dagegen scheinen auch mir die Funde zu beweisen, dass die italischen Völker vielen Geschmack an diesen Toilettengeräten gewannen, so dass deren Fabrikation hier hohen Aufschwung nahm, z. T. auch selbständige Entwicklungsbahnen einschlug. So entstanden, wie die Funde bezeugen, im Süden, vielleicht in Cumae, und im hohen Norden in Felsina (Bologna) Fabrikationscentren, die sich beide ein grösseres Absatzgebiet für ihre Waare eroberten. Daneben mögen, namentlich für spätere Zeit, noch da und dort lokale Werkstätten in Betracht kommen, da die Herstellung jenes Gerätes doch keine besonderen technischen Schwierigkeiten bot. Für die Mehrzahl der im mittleren und nördlichen Europa gefundenen Exemplare dürfen wir wohl sicher mit Undset u. a. oberitalische Provenienz annehmen²).

Ich hoffe durch diese Ausführungen dargelegt zu haben, woher der Cistentypus der italischen Gräber stammt und welche Wandlungen er im Verlauf der Zeiten durchgemacht hat. Sind, wie es bei der Mangelhaftigkeit des Materials nicht zu vermeiden war, auch noch manche Lücken geblieben, so glaube ich doch eine zusammenhängende Entwicklungsreihe festgestellt zu haben, die uns die Geschichte dieser Denkmälergattung im Grossen und Ganzen erschlossen und auch unserer Karlsruher Ciste die richtige Stellung innerhalb derselben angewiesen hat.

---

1) Vgl. Helbig, ann. 1884. S. 164 f., hom. Epos², S. 43, 85 f.
2) Undset, das erste Auftreten des Eisens (J. Mestorf 1882), S. 504 u. s.

III.

Wir wenden uns jetzt zur Behandlung einer Reihe von Einzelfragen, welche das bisher gewonnene Gesammtbild in einigen Punkten zu ergänzen geeignet sein dürften. Es sollen dabei namentlich auch einige wertvolle Gegenstände des Karlsruher Museums zur Besprechung kommen, die bis jetzt weniger Beachtung gefunden haben.

1. Rühren die verzierten Lederstücke des Karlsruher Museums von einer Ciste her?

Die genannte Sammlung besitzt eine Anzahl verzierter Lederstücke aus der bekannten Sammlung Maler, welche nicht nur wegen der Seltenheit des Materials unser Interesse in Anspruch nehmen.

Dieselben sind abgebildet bei E. Wagner, d. Grossh. Bad. Altertümersammlung in Karlsruhe, Antike Bronzen, T. 32 k, erwähnt von Milani, Mus. it. d. ant. class. I, S. 327, Anm. 3, Schumacher, Arch. Anz. 1890, S. 7 und im Bronzenkatalog unter Nr. 1147 kurz beschrieben.

Sie stammen nach Malers schwerlich zu bezweifelnder Angabe aus einem etruskischen Grabe und bestehen aus folgenden Stücken:

1) einem noch 18 cm langen und an gut erhaltenen Stellen noch 7 cm breiten Streifen. Die Verzierung ist wie bei allen folgenden Stücken eingeschnitten, nicht eingepresst; die Doppelrauten innerhalb der Palmettenbögen sind durchbrochen. Die Bögen waren offenbar links zu Ende, wie der Ansatz einer vertikalen Furche zeigt. Es folgte also zunächst jedenfalls ein Abschluss, wie wir ihn rechts zwischen der Palmettenkette und dem Panther sehen.

2) Dem mit 2 bezeichneten Stück, welches dieses „Treppenmuster" enthält und nach seinen Bruchflächen genau an 1 passt.

3) einem Bruchstück, welches sich ebenfalls genau an 1 anschliesst. Seine Fortsetzung nach links zeigt, dass nach dem Treppenmuster noch ein gitterartiges Feld kam, das ebenfalls von einem solchen Treppenornament umgeben war.

4) und 5) welche nach der Beschaffenheit der Bruchflächen wahrscheinlich zusammengehören, stehen ausser Verbindung mit den betrachteten Stücken.

Die augenscheinlich symmetrische Anlage der Felder, die durch die beiden besser erhaltenen Streifen gegebenen Masse, z. T. auch die an verschiedenen Stellen verschiedenartige Färbung der Oberfläche lassen mir die Anordnung, wie sie die umstehende, auf nicht ganz $^1/_4$ der natürl. Grösse verkleinerte Zeichnung giebt, als ziemlich gesichert erscheinen.

Wir erhalten so eine Gesammtlänge von 64 cm, wobei allerdings nicht ausgeschlossen ist, dass in dem Felde 1) nur ein Panther und auf 5) dem entsprechend nur die Hälfte der Palmettenkette von 1) war, wodurch sich die Gesammtlänge auf 52 cm vermindern würde. Dagegen macht es die bis in die kleinsten Einzelheiten symmetrische Anordnung der Felder unwahrscheinlich, dass weitere Felder fehlen.

Ferner sind noch drei Stückchen unverziertes Leder vorhanden, die ich im Katalog vermutungsweise als Unterlagen für die verzierten Streifen bezeichnete. Ich gründete meine Ansicht darauf, dass eine solche Unterlage thatsächlich noch an einer Stelle wahrnehmbar ist. Indessen könnte sie hier, da sie an den anderen Stellen fehlt, auch dem Zufall oder moderner Restauration ihr Dasein verdanken.

Das nächstliegende, die Verwendung dieser Lederstreifen zu erklären, ist natürlich, an einen Gürtel zu denken. Es wäre also ein κεστὸς ἱμάς[1]). Doch scheinen mir die Masse weniger dafürzusprechen. Ausserdem fehlen am Rande kleine Löcher, welche zur Befestigung auf anderem Materiale doch wohl nötig waren.

Wir haben bei der Betrachtung der Cistenentwicklung gesehen, dass aus älterer Zeit noch Cisten erhalten sind, deren Körper aus Holz bestehn, das in der Mitte mit Leder, an den Rändern mit Bronzeblech beschlagen ist [Schöne, ann. 1866, n. 6, 43, (50), 60 und oben S. 35]. Man könnte daher in unseren Lederstücken auch die Reste der Verkleidung einer solchen Holzciste vermuten. Nägelchen bezw. kleine Löcher für die Befestigung wären hier nicht nötig, weil die Bronzebeschläge über die Ränder des Leders übergreifen konnten. Auch bei der pränestinischen Silberciste beträgt die Breite des selbständigen Mittelstreifens 0,07 m. Die unverzierten Lederstücke liessen sich dann etwa auf die Verkleidung des Deckels zurückführen.

Eine andere etwa noch in Betracht kommende Möglichkeit wäre folgende. Die an ihren Basen öfters cylindrisch gebildeten bronzenen und thönernen Canopen-Sessel, wie sie aus jüngeren Villanovagräbern, namentlich von Chiusi bekannt sind, imitieren bisweilen offenbar einen Lederüberzug; auch haben sich Spuren gefunden, dass das Ganze mit Zeug umwickelt war[2]). Daher wäre die Annahme nicht ausgeschlossen, dass

---

1) Vgl. Studniczka, Beiträge zur Geschichte der altgriechischen Tracht, S. 65, 119 f., besonders S. 123, Anm. 89, auch Helbig, hom. Epos[1], S. 212.

2) Vgl. Milani, Mus. ital. d. ant. class. I, S. 327, Anm. 2 („anche nelle sedie di terracotta e nella sedia di bronzo .... è imitata pei sedili la decorazione del cuoio"), auch Undset, Ztschr f. Ethnologie 1890, S. 126 f.

unsere Lederstücke von der wirklichen Verkleidung eines derartigen Sessels herrührten. Ganz ähnliche Palmettenbögen, wie sie unser Leder zeigt, finden sich auch dort als Verzierung des Sitzes. Natürlich lasst sich diese Frage erst durch gleichartige Funde zur endgiltigen Entscheidung bringen.

Abgesehen von ihrer Verwendung haben diese Lederverzierungen auch einen hohen kunstgeschichtlichen Wert. Ein Vergleich mit den Figuren der Silberciste lehrt, dass sie, wenn sie auch im Stil weiter vorgeschritten sind, unter demselben Einfluss „phönikischer" Kunst stehen. Eine noch nähere Parallele bieten z. B. die Funde von Vetulonia. Man vergleiche nur die beiden letzten Tiere des untersten Streifens des mit Silberblech belegten Bronze-Kästchens aus der tomba del duce, von denen wir das eine beistehend nach Falchi, Not. d. scavi 1887, T. XVIII geben. Auch ein Panther eines Wandgemäldes von Veji, das, wie wir noch sehen werden, derselben Kunstrichtung angehört, kann als  Beweis dienen (Micali, Mon. ined., T. LVIII. 2). Bemerkenswert ist die etwas freiere Behandlung der Palmettenbögen gegenüber der gewöhnlichen Form auf Kunstwerken des Regulini-Galassitypus[1]). Ferner wird hier der leere Zwischenraum gewöhnlich durch Lotos- und Palmettenornamente, Voluten, Ranken etc. ausgefüllt, während dies auf unseren Lederstücken durch Halbkreise geschieht, so wie wir es z. B. schon bei den Korinthischen Vasen finden[2]). Die Einteilung in Felder stammt bekanntlich noch von dem geometrischen Stil her; sie findet sich aber auch häufig auf orientalischen Kunstwerken, wie beispielsweise auch auf den phönikischen Silberschalen (vgl. Layard, Mon. of Niniveh, pl. 57 B., 58 E.). Es ist also nicht zu verwundern, dass dieselbe noch häufig in der jenem Stil folgenden Periode erscheint, in welcher die orientalischen Elemente allmählich die geometrischen verdrängen. Ein gutes Beispiel dafür giebt noch die bekannte Schüssel von Aegina[3]). Die Lederverzierung gehört also in die Zeit jenes griechisch-phönikischen Imports nach Etrurien, von dem wir oben bei Betrachtung der Silberciste schon gesprochen haben.

---

1) Vgl. z. B. die Straussencier der Polledrara bei Vulci, Perrot-Chipiez, hist. de l'art III, S. 856 f.; auch Milani, Mus. it. d. ant. class. I, S. 327, Anm. 3, der auch den Lederstreifen in diesen Zusammenhang bringt und für die Palmettenbögen eine Anzahl Parallelen, darunter solche in durchbrochener Arbeit aus der Metalltechnik, zusammenstellt.

2) Interessant ist ein Vergleich mit Not. d. scavi 1887 T. XVIII, Fig. 1. c.

3) Arch. Ztg. 1882 T. 10, vgl. auch Ant. Denkm. I. v. T. 57. Wenn aber diese Feldereinteilung auf einer Ciste des dritten Jahrhunderts erscheint, jener ovalen Ciste mit der Prometheus-Pandoradarstellung (Mon. VI T. 39), so dient dies natürlich nur dazu, den aus mehreren Gründen berechtigten Verdacht der Unächtheit dieser Ciste zu erhöhen.

Berechtigt ist noch die Frage, ob wir eine vom Osten eingeführte Originalarbeit oder eine auf italischem Boden gefertigte Nachahmung darin zu erblicken haben. Bedenken wir, wie viele kunstvoll gefertigte Gefässe und Geräte des Gräbertypus Regulini-Galassi etruskische Inschriften besitzen (auch latinische, vgl. Röm. Mitt., II., S. 37 f. und S. 223), die wenigstens teilweise nicht erst später zugefügt sein können, ferner wie viele lokale Nachahmungen solcher Geräte in Thon ganz achtbare Geschicklichkeit bezeugen, so dürfen wir nicht daran zweifeln, dass die einheimische Industrie sich alle Mühe gab, der überseeischen Einfuhr Konkurrenz zu machen. Dazu kommt noch, dass, wie uns die Alten berichten, sich damals eine Menge phönikischer und griechischer Kaufleute und Handwerker in Italien befanden, die vermutlich nicht selten mit besonderer Berücksichtigung des italischen Geschmacks, unter Umständen auch in italischen Werkstätten arbeiteten. Wo also so viele Ströme zusammenfliessen, wäre es bei dem augenblicklichen Stand unserer Kenntnisse geradezu vermessen, mit Sicherheit sich nach der einen oder anderen Richtung hin entscheiden zu wollen.

Nur noch wenige Worte über die durchbrochene Arbeit der Lederverzierung. Es ist bekannt, wie im Orient diese al giorno-Technik blühte, und wie auch die Griechen sie in den älteren Zeiten wesentlich im Anschluss an phönikische Vorbilder bevorzugten[1]). In Metall kennen wir genug Originale; in Leder aus älterer Zeit meines Wissens nur solche aus dem Osten, namentlich Aegypten (vgl. Maspero, ägypt. Kunstgesch. (1889), S. 287), so dass unsere Lederstücke in dieser Hinsicht noch an Wichtigkeit gewinnen.

Rühren dieselben wirklich von einer Ciste her, so darf man wohl annehmen, dass der Holzgrund des cylindrischen Körpers eine andere Farbe als der Boden hatte, um an den durchbrochenen Stellen einen Kontrast hervorzurufen. Sie würde uns denselben Fingerzeig über die Entstehung des Cistentypus wie die prânestinische Silberciste geben und ein älteres Stadium jener besprochenen Ledercisten veranschaulichen.

2. Elfenbeincisten nach Metallvorbildern.

Helbig hat den Mon. X, T. XXXVIIIa 1, 1a[2]) ein elfenbeinverkleidetes Geräte aus einem Grabe bei Chiusi publicirt, welches ganz die Form unserer Cisten zeigt, wenn

---

[1]) Vgl. Furtwängler, Bronzefunde v. Olympia, S. 99 f., Olympia IV, S. 108, n. 733. Milchhöfer, Anf. d. Kunst, S. 170, Blümner, Terminologie und Technologie IV, S. 254, Milani, Mus. it. I, S. 318, Anm. 2, Orsi-Halbherr, Mus. ital. II, S. 883 f., Holwerda, Jahrb. V, S. 239.

[2]) Auch abg. Collection Castellani, Rome 1884, pl. 19; bespr. von Helbig, bull. 1874. S. 207 f., ann. 1877, S. 397 f., vgl. auch Milani. Mus. ital. I, S. 291, Anm. 4. Perrot-Chipiez, hist. d. l'art III, S. 853 f., Furtwängler, Bronzefunde von Olympia, S. 52, b. Roscher, Lex. S. 1761, Olympia IV, n. 745. Böhlau, Jahrb. II, S. 62, III, S. 359.

auch die Henkel fehlen. Die Verzierungsweise möge beistehende, nach dem Castellanischen Lichtdruck gemachte Skizze veranschaulichen. Im ersten Bildstreifen gewahrt man ein Schiff, auf das zwei Männer zuschreiten, dann mehrere Widder, unter deren Bauch sich ein Mann festhält, dazwischen phantastische Tiere. Man hat mit Recht eine Darstellung des Kyklopenabenteuers darin gesehen, doch ist es jedenfalls keine bewusste Wiedergabe desselben, wie der Greif und andere eingeschaltete Tiere beweisen. Die zweite Zone zeigt einen Flötenbläser, davor Krieger und undeutliche Männer, ein Zweigespann, dessen Wagen eben ein Krieger besteigt, einen Zug Frauen mit langen Zöpfen und einen ihnen entgegeneilenden Krieger. Der dritte, stark zerstörte Streifen führt eine Reihe Tiere vor, darunter einen Hirsch, einen
Reiter und eine Kentaurin. Im vierten ist nur noch ein geflügelter Greif erhalten. Die Höhe der Ciste beträgt 20 cm (die pränestinische Silberciste ist nur 16 cm hoch).

Die Elfenbeinciste wurde in einer tomba a camera gefunden, welche eine ältere und eine etwas jüngere Bestattung enthielt (vgl. Undset, ann. 1885, S. 44). Sie stammt wohl von der jüngeren, die wahrscheinlich gegen die Mitte des sechsten Jahrhunderts anzusetzen ist, wie auch ein Vergleich mit der Silberciste befürwortet. Wie weit ist doch die Bildung der Tiere dieser gegenüber vorgeschritten, ganz abgesehen davon, dass auf der Silberciste noch nicht einmal die Anfänge gemacht sind, eine Handlung aus dem Leben oder der Mythologie darzustellen[1])! Diese Entwicklung wird uns besonders klar,

---

1) Was einzelne der Tiere im oberen Streifen der pränestinischen Ciste unter dem Bauch haben, ist mir unklar. Man könnte ebenfalls an Menschen denken, da bei einem aus der schraffierten Masse noch ein Fuss herauszuragen scheint. Dann ginge dieses Bild also auf eine ähnliche Darstellung wie die des oberen Streifens der Chiusiner Ciste zurück, wobei auch den unter den Widdern marschierenden phantastischen Tieren aus Unkenntnis des Mythus Menschen zugeteilt wären. Wegen der Carrierung des Gewandes wären z. B. bull. d. corr. hell. 1883 T. I. II, journ. of hell. stud. 1884 pl. XLI, oder manche Figuren der oberitalischen Situlen zu vergleichen. Oder sollte das Missverständnis daher rühren, dass auf manchen Denkmälern dieser Stilrichtung der Bauch der Tiere bisweilen zur Andeutung eines zweiten daneben schreitenden in jener Weise schraffiert ist? (vgl. Micali, Mon. in. T. VII. 1, Perrot-Chipiez, hist. de l'art. III, S. 856 f., vgl. auch Not. 1887 T. XVI. 1.).

Bei Betrachtung der zur Befestigung der ausgeschnittenen Tiere des Mittelstreifens dienenden schmalen Metallstege möchte man fast vermuten, dass manche Haken und Füllornamente, wie wir sie auf den älteren Denkmälergattungen sehen (vgl. Schumacher, Jahrb. IV, S. 225), auf ein solches, in der al giorno-Technik notwendiges Verfahren zurückgehen.

wenn wir z. B. die Tierfiguren eines Napfes der tomba del duce von Vetulonia vergleichen (Not. 1887, T. XVI), welcher zeitlich gerade in der Mitte zwischen beiden Kunstwerken stehen mag. Nicht minder lehrreich ist die Betrachtung der Ornamente. Das Palmetten-Lotosband der Silberciste zeigt noch wesentlich die Gestaltung, die es auch auf assyrischen Denkmälern des siebenten Jahrhunderts hat (vgl. oben S. 40 und Dumont, les céramiques de la Grèce propre I, S. 108 u. s., Holwerda, Jahrb. V., S. 239, aber auch Ant. Denkm. 1. v. T. 50), während dasjenige der Elfenbeinciste eine etwas stilisiertere Weiterbildung verrät, wie sie ähnlich auf melischen, rhodischen und protokorinthischen Vasen, auf der oben erwähnten Schüssel von Aegina und auf Bronzeplättchen von Olympia vorkommt. Ebenso verhält es sich mit der Verzierung des Deckels. Denn es dürfte wohl kein Zweifel sein, dass das Ornament des zweiten Trennungsstreifens der Elfenbeinciste, die sog. phönikische Palmette, eine stilisierte Fortbildung jenes in dem ausseren Ring der Prænestiner Ciste dargestellten Ornamentes bedeutet. Auf der gleichen Entwicklungsstufe finden wir dies Ornament auf den eben genannten Vasengattungen, die gerade die Einflüsse des Ostens etwas zu verarbeiten begonnen haben, auch auf der von Böhlau behandelten frühattischen Klasse, während eine Reihe anderer Funde des Gräbertypus Regulini-Galassi etwas ältere Form zeigen (vgl. z. B. Not. 1887, T. XVIII). Zum selben Resultate führt auch ein Studium der Füllornamente. Auf der Silberciste sehen wir nur Rosetten und zwar in sparsamer Anwendung, während auf der Chiusiner Ciste Palmetten, Ranken, Voluten etc. zwischen den Figuren sich z. T. recht breit machen.

Ein Denkmal haben wir nur streifend erwähnt, das sehr wichtige Vergleichspunkte bietet. Es sind die im Jahre 1842 vom Marchese Campana in einem Grabe bei Veji entdeckten Wandgemälde [1]). Bisher hat man diese mit der Korinthischen, angeblich durch die Bacchiaden nach Italien verbrachten Malerei in Verbindung gesetzt. Mit Unrecht, wie ein Vergleich mit unserer Elfenbeinciste deutlich erkennen lässt [2]). Mehr noch als ein Vergleich der Tiere und des Reiters zeigen dies die Ornamente. Man halte nur die Palmette über dem Panther, die Füllornamente, die Lotosblüten, Voluten, Ranken, Blätter und Haken, wie sie verschwenderisch über das Wandgemälde ausgestreut sind, zusammen mit den entsprechenden Ornamenten der Elfenbeinciste, und man wird nicht leugnen können, dass beide Denkmäler derselben Kunstrichtung angehören und zeitlich einander nahe stehen müssen, wenn auch die Ciste um weniges älter sein mag. Dass die Ciste als ein Werk griechisch-phönikischer Kunst zu betrachten ist, steht wohl ausser Zweifel. Die Wand-

---

1) Abg. Canina, Veji T. 31, Etruria maritima I, 35; Micali, Mon. ined. T. 58, Martha, Man. d'arch. étr. et rom. S. 73 f, Dennis, Cities and Cemeteries of Etruria I, S. 34 f, vgl. Helbig, ann. 1863, S. 337 f., Brunn, ann. 1866, S. 423.

2) Vgl. jetzt auch Murray, journ. of hell. stud., X. S. 24 f.

gemälde verdanken also denselben Einflüssen ihre Entstehung. Sie sind besonders wichtig, da sie an Ort und Stelle gearbeitet sein müssen, während die Elfenbeinciste importiert sein könnte. Ein Vergleich nach Stil und Ausführung der beiden Kunstwerke zeigt, namentlich wenn man das etwas jüngere Alter der Wandgemälde in Betracht zieht, keine wesentlichen Unterschiede, wenn auch die Figuren der Ciste in ihren Verhältnissen etwas weniger verzerrt sind. Daher müssen wir zugeben, dass die Ciste ganz gut auf italischem Boden entstanden sein kann, wobei natürlich wiederum der Einfluss jener in Italien angesiedelten phönikischen und kleinasiatisch-griechischen Elemente zu berücksichtigen ist[1]). Der Unterschied zwischen den betrachteten beiden Werken ist nicht so gross, wie er beispielsweise zwischen der Mehrzahl der bemalten Eier der Polledrara von Vulci und einem abweichenden beobachtet wird, welches in einfacherer Weise verziert ist und stärkere Verzerrungen aufweist (Perrot-Chipiez, hist. de l'art. III, fig. 624 f).

Die Elfenbeinciste wurde nur in Bruchstücken gefunden. Doch ist ihre Form durch ein zweites besser erhaltenes Chiusiner Exemplar gesichert, dessen Verzierung auf dieselbe Zeit und Kunstrichtung hinweist (Helbig, bull. 1878, S. 130, Collection Castellani, Rome 1884, n. 719).

Mit Recht hat Böhlau der Ansicht Ausdruck verliehen, dass unsere Ciste auf ein Metallvorbild zurückgehe, wie die Wiederholung des einen Mann tragenden Widders beweise (Jahrb. II, S. 62).

Eine Kombination von Elfenbein und Metall zeigt die beistehende, aus einem Grabe von Veji stammende Ciste (nach Archaeologia XLI pl. III fig. 4, vgl. Perrot-Chiepiez, hist. d. l'art III, p. 854), welche Garrucci folgendermassen beschreibt: „There was also an ivory vessel encircled at top and bottom by a copper hoop and charmingly ornamented around by vertical strips of copper, the intervals between these being filled up with amber veneered on the ivory beneat". Die mitgefundenen Gegenstände, vielleicht auch die Verwendung des Bernsteins, verraten einheimische Kunst, die sich aus jener griechisch-phönikischen Anregung entwickelt hat. 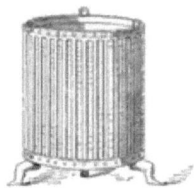 Diese Ciste ist auch insofern von Interesse, weil sie bereits Füsschen hat, was wir bei den anderen des sechsten Jahrhunderts noch nicht gesehen haben, sondern erst bei den Bolognesischen des fünften

---

1) Man kann eine Bestätigung hierfür in dem Umstande erblicken, dass in demselben Grabe mit der Ciste eine Fibel derselben Art gefunden wurde wie die bekannte von Palestrina mit altlateinischer Inschrift (Röm. Mitt. II, S. 37 f.).

Jahrhunderts fanden. Sie beweist also, dass beide Typen schon gleichzeitig neben einander bestanden.

Hinüber auf griechischen Boden führt uns die elfenbeinerne „Pyxis" aus dem Kuppelgrab von Menidi („Kuppelgrab bei Menidi", T. VII, darnach unsere Abbildung). Sie wird gewöhnlich als „Pyxis" bezeichnet, unterscheidet sich aber — von der Grösse abgesehen — im Grund durch nichts von unserer Cistenform. In zwei Streifen sind schreitende Widder dargestellt, gegen die Ränder gewahrt man eine vielleicht Metallbuckelchen imitierende Verzierung. Denn dass auch diese Pyxis nach einem Metallvorbild gearbeitet ist, scheint mir ziemlich sicher. Die Befestigung des Deckels wird durch Zahnverschluss bewirkt.  Nicht ohne Interesse ist die (im Text S. 27) gemachte Beobachtung, dass im oberen Widderstreifen und zwar gerade unter dem Zahnverschluss des Deckels ein Tier mit dem Kopf in Vordersicht gestellt ist, während alle anderen geradeaus gerichtet sind; dass dadurch thatsächlich gleichsam die Front des Gerätes bezeichnet wird, haben wir bereits an einer Reihe ähnlicher Erscheinungen wahrgenommen. Über ein ähnliches Exemplar vgl. ἐφ. ἀρχ. VI (1888), S. 155 und einen ähnlichen Deckel Arch. Anz. VI, S. 41.

Im Grunde die gleiche Form zeigt auch die goldene Dose aus Mykenä (bei Schuchhardt, Schliemanns Ausgrabungen, S. 236, Fig. 197), welche auch nach Schuchhardts Ansicht einen wirklichen Gebrauchsgegenstand in Verkleinerung wiedergiebt.

Dieselbe Form treffen wir aber auch häufig in der Keramik dieser Periode wieder, wofür ich keine Beispiele anzuführen brauche. Sie kommt schon in den trojanischen Funden vor und hält sich bis in die spätesten Zeiten, indem sie allerdings verschiedene Wandlungen durchmacht. In betreff einiger solcher Büchsen des Dipylonstils bemerken Dumont-Chaplain, les céramiques de la Grèce propre S. 95: „Plusieurs pyxis conservent des trous qui permettaient de lier le couvercle et le corps de la boîte, disposition assez peu commode pour des objets de terre cuite, et qui était au contraire très pratique pour des boîtes de métal". Er nimmt daher mit Recht Metallvorbilder an. Noch in späteren Zeiten tritt die Combination von Thon und Metall bei diesem Geräte häufig zu Tage.

Alle diese Funde auf griechischem Boden gehören einer Epoche an, welche lange vor derjenigen liegt, in welcher wir in Italien zuerst der Cistenform begegnet sind. Wir haben schon früher gesehen, wie vielfache Verbindungsfäden von hier nach Italien hinübergehen und die Villanovakultur durch solche Einflüsse z. T. geradezu bedingt ist. Wie weit wir aber in den hier berührten Erscheinungen, die ihrerseits selbst offenbar auf orientalische Vorbilder zurückgehen, im einzelnen solche für die italische Kultur fruchtbaren Keime erblicken dürfen, müssen wir einstweilen vorsichtshalber noch dahingestellt sein lassen. Es ist eben auf der Balkanhalbinsel doch noch verhältnismässig recht wenig ausgegraben und noch weniger gut veröffentlicht.

Nur auf zwei Beobachtungen, welche das griechische Material dieser Zeit nahe legt, will ich noch aufmerksam machen. Ein goldener Becher mit Rippen, wie sie die ciste a cordoni haben (abg. bei Schliemann, Mykenä, S. 268 n. 340), lässt darauf schliessen, dass diese Technik nicht erst in Italien erfunden wurde, sondern auf Vorbilder des Ostens zurückzuführen ist. Ferner zeigt der in dem Kuppelgrab zu Vafio bei Amyklae gefundene Goldbecher mit herausgetriebener Darstellung als Schutz der dünnen Hülse im Innern einen eingehängten zweiten glatten Metallbecher (ἐφ. ἀρχ. 1889 (VII), T. 9, S. 160, vgl. Arch. Anz. 1890, S. 102 f.). Diese Technik erinnert offenbar an die Holzmontierung der älteren Cisten, worüber wir oben gehandelt haben.

Aus späterer Zeit sind in Griechenland meines Wissens bis jetzt keine Cisten, weder glatte noch gerippte, gefunden worden. Der bei Furtwängler, Olympia IV (Bronzen) S. 95 n. 665 abgebildete Henkel gleicht allerdings dem der gerippten Cisten, könnte aber ebensowohl von einer Situla sein. Dies Fehlen der eigentlichen Cisten auf griechischem Boden mag reiner, auf der Mangelhaftigkeit unserer bisherigen Ausgrabungen beruhender Zufall sein; es kann aber auch damit zusammenhängen, dass die thönerne Pyxis und eine besondere Art viereckiger Kästchen die Stelle der Ciste vertrat, welch letztere mehr dem italischen Geschmacke zusagte. Hier kann nur der Spaten weiterhelfen.

3. Die Bronzereliefs von Bomarzo.

Schon Gerhard, Schöne u. a. haben bei Besprechung der Cisten mit getriebenen Reliefs auf die bekannten Bronzereliefs von Bomarzo im Museo Gregoriano hingewiesen (Mus. Greg. I., T. 39). Neuerdings sind sie in den Antiken Denkmälern I, T. 21 abgebildet und von Dümmler S. 10 kurz behandelt worden. Dümmler tritt mit Recht der gewöhnlichen Meinung entgegen[1]), dass sie etruskisches Fabrikat seien. An anderem Orte (Röm. Mitt. III, S. 176, Anm. 1) bringt er sie mit einer eigenartigen, den Caeretaner Hydrien nahestehenden (unteritalisch-griechischen?) Vasenklasse in Verbindung und schreibt ihnen grossgriechischen Ursprung zu. Zweifelsohne gehören sie in diesen Zusammenhang. Der kleinasiatisch-jonische Stil, sowie ein eigenes lokales Element sind unverkennbar, doch ist der Fabrikationskreis nicht näher zu bestimmen. Uns interessieren sie deshalb besonders, weil der Gedanke naheliegt, dass sie von einer cylindrischen Ciste, also einer

---

1) Vgl. z. B. M. Mayer, d. Giganten und Titanen, S. 339, 342, wo sie für etruskische Arbeit unter attischem Einfluss ausgegeben werden. Furtwängler bezeichnet sie bei Roscher, Lex. d. Myth., S. 2212 als altetruskisch unter jonischem Einfluss.

Ciste aus griechischem Kunstgebiete, herrühren. Dümmler selbst hat diese Ansicht geäussert und auch das Dafür und Dawider angeführt. „Diese (die Ciste) würde allerdings bei 0,417 m Höhe nur 0,138 m Durchmesser gehabt haben, für diese Annahme spricht aber, dass der scheinbar vollständige Reif von links mit einem halben Lotosblatt beginnt, welches rechts gerade fehlt".

Schwerlich hat es je eine solche röhrenartige Ciste mit 0,417 m Höhe bei 0,138 m Durchmesser gegeben: unter Zugrundelegung solcher Verhältnisse wäre wohl jeder Gedanke an eine Ciste ausgeschlossen. Indes liegt die Sache anders. Im Frühjahr 1889 sah ich im Museo Kircheriano eine Anzahl bisher unbeachteter Bronzereliefs, welche sich bei näherer Betrachtung geradezu als identisch mit denen von Bomarzo im Museo Gregoriano herausstellten. Sind sie auch stellenweise mehr zerstört, so zeigen sie dagegen die Gesichtsformen und Einzelheiten der Bekleidung weit deutlicher als diese. Ausserdem bieten sie für die Reconstruction des Ganzen manches, was bei denen des Museo Gregoriano fehlt. Leider ist keine Provenienzangabe über sie vorhanden. Diejenigen des Mus. Greg. stammen aus dem Privatbesitz des römischen Priesters F. Carosi (vgl. bull. 1836, S. 191, wo man die Angabe findet, dass sie im Jahre 1830 bei Bomarzo ausgegraben seien, während die Einleitung des Mus. Greg. (S. 6) das Jahr 1832 angiebt; vgl. auch Gerhard, etr. Spiegel I, S. 34, Anm. 10).

Wir stellen die Besitzstücke der beiden Museen einander gegenüber.

Von den Streifen 1 und 2 (der „antiken Denkmäler") sind im Mus. Kirch. Stücke in dreifacher Wiederholung. Mit denjenigen des Mus. Greg. verglichen, veranlassen sie zu folgenden Bemerkungen:

1) An einzelnen Stellen ist auch der durch eine Reihe von Buckelchen gebildete Abschluss unter der Darstellung erhalten.
2) Es wiederholt sich einmal in der Darstellung die Gruppe des schlauchschleppenden Silen und der beiden ihm folgenden, welche Gefässe und Flöten tragen. Doch ist der letzte Silen nicht vollständig, sondern seine vordere Hälfte ist mit der hinteren des „Hermes", der Figur mit Lanze und Hut, zusammengesetzt. Die Zusammensetzung ist durch kleine umgeschlagene Nägelchen bewerkstelligt und rührt zweifelsohne aus dem Altertum her. Es folgt dann wie gewöhnlich die ganze Reihe von dem Silen mit dem Opfermesser bis zum Flötenspieler. Es scheint also, dass der Sitzende weggelassen wurde, um den durch die Wiederholung verlorenen Platz zu gewinnen.
3) An einer Stelle ist über dem Streifen 1 noch der untere Teil von Streifen 2 in ursprünglichem Zusammenhang vorhanden, so dass die Anordnung des Streifens 2 direkt über 1 gesichert ist. Die Reliefs des Mus. Greg. sind also vielleicht erst nachträglich zerschnitten worden. Im oberen Teil sind noch

einige kleine Nägelchen zu beobachten [1]). Entsprechend der bei 1 bemerkten Zusammensetzung kommt auch hier nach der vorletzten weiblichen Figur des Streifens 2 gleich der Mann neben dem Pferde.

Von 3 (Darstellung der Gigantomachie) sind viele Bruchstücke vorhanden. Hervorzuheben sind einige gut erhaltene Köpfe, ebenso sind die etwas eigenartigen Gewandungen klarer als bei den Stücken des Mus. Greg., wodurch die Unterscheidung zwischen männlichen und weiblichen Gottheiten erleichtert wird. Ausserdem ist aber hier noch eine Gruppe erhalten, die auf den Beschlägen des Mus. Greg. ganz fehlt. Auf einem Blechstück von 5,5 cm Länge und 5 cm Höhe sehen wir einen nackten Mann dargestellt (nach r.), welcher in der an die Hüfte angelegten Rechten eine Keule oder ein Schwert, in der vorgestreckten Linken den Bogen hält. Eine ihm gegenüberstehende aufrechte, wenig kenntliche Gestalt streckt den einen Arm abwehrend gegen die Brust des Gegners vor, den anderen rückwärts. Dem Streifen des Mus. Greg. fehlen, bei der begründeten Voraussetzung gleicher Länge mit den anderen vollständigen Streifen, noch 0,103 m, ein Raum, der durch die neue Gruppe und den leider zerstörten Gegner des „Dionysos" wohl gerade ausgefüllt werden dürfte. Eine Wiederholung des am linken Rande Hockenden ist daher wenig wahrscheinlich [2]), ein weiteres Moment, welches zu Gunsten der Annahme einer cylindrischen Fläche angeführt werden kann.

Von dem mit einer Palmetten-Lotoskette verzierten Fries 4 ist im Mus. Kirch. ein Bruchstück von 8 cm Länge erhalten. Es beginnt auch wie 4 links mit einem halben

---

1) Auch im Streifen 2 des Mus. Greg. sind unten noch Nägelchen vorhanden. Sie beweisen jedenfalls, dass die Reliefs ein hölzernes Gerät verkleideten. In ähnlicher Weise waren die einzelnen Streifen der pränestinischen Silberciste auf ihrer Holzunterlage befestigt. Auch hier hängen die zwei mittleren Streifen zusammen, während die anderen getrennt sind.

2) Mit dem Hockenden ist die vorletzte Figur der mit einer ähnlichen Gigantomachie geschmückten Amphora bei Mayer, S. 344, n. 3 (Micali, Mon. ined. T. XXXVII 1) zu vergleichen, die keineswegs, wie Mayer meint, als attisch anzusehen ist, sondern zu der erwähnten unteritalisch-griechischen Vasenklasse gehört (vgl. Dümmler, Röm. Mitt. III, S. 176. n. 5.) Man vergleiche auch den Dämon des Wagenbeschlägs von Perugia (Inghirami, Mon. etr. III T. XXIII), der gleichfalls dieser Kunstrichtung nahesteht (vgl. Dümmler, Röm. Mitt. III, S. 164 f.). – Was Mayer über die Verschiebung der Figuren in der Gigantomachie auseinandersetzt, ist vielfach unrichtig. Unwahrscheinlich ist, dass die Schlangen (gegen die beiden Enden) auf unverstandene Weinranken zurückzuführen seien. Ihre raumfüllende Bedeutung ist auf jener Amphora klarer (vgl. auch Milchhöfer, Anf. d. Kunst, S. 181). Das der gleichen Richtung angehörige Relief bei Mayer T. I zeigt in ähnlicher Weise eine Ranke mit Knospe. Wegen des Stiles sind noch anzuziehen die Bronzereliefs in Dresden (abg. Arch. Anz. 1889, S. 104, vgl. Löscheke, Bonner Studien, S. 256, Anm. 20) und solche im Besitze A. Castellanis (vgl. Furtwängler, Berl. philolog. Wochenschr. 1888, S. 1450), sowie Terracottareliefs aus Unteritalien (Gaz. arch. 1883, pl. 49, Daremberg-Saglio, dictionnaire, fig. 2205).

Lotosblatt. Der obere Rand scheint vollständig zu sein, dagegen ist unten eine zufällige Bruchfläche zu erkennen. Oben in dem Ornament des „laufenden Hundes" gewahrt man mehrere Nägelchen, deren Köpfe z. T. noch erhalten sind, wie auch bei dem Exemplar des Mus. Greg. Nach der Richtung der Palmetten und Lotoskelche, des „laufenden Hundes", sowie der angedeuteten Beschaffenheit der Ränder darf man wohl sicher mit Dümmler annehmen, dass dieser Fries die obere Umrahmung bildete, wie wir es auch bei der ovalen Vulcenter Ciste sehen werden (vgl. S. 66).

Von den Streifen 5 und 6 ist im Mus. Kirch. nichts mehr vorhanden. Letzterer stimmt in seinem ganzen Charakter so sehr mit 4 überein, dass er zweifelsohne mit seiner abwechselnd auf- und abwärts gerichteten Palmetten-Lotosverzierung dem unteren Abschluss angehört[1]). In dem Stücke des Mus. Greg. sind auch unten Nägelchen sichtbar. Die Zugehörigkeit von 5 kann wegen der stärkeren Erhebung des Reliefs, sowie dem andersartigen, den Eindruck aufgelegten Drahtes hervorrufenden Charakter in Zweifel gezogen werden. Auch scheint er etwas ältere Zeit zu verraten.

Nach meinen Erkundigungen steht nichts der Annahme im Wege, dass die sich bis in die kleinsten Einzelheiten entsprechenden Beschläge der beiden Museen von demselben Gegenstand stammen und von dem früheren Besitzer geteilt wurden.

Wir haben gesagt, dass die Verhältnisse 0,417 H. : 0,138 D. gegen eine Ciste sprechen; nehmen wir aber die Reliefs der beiden Museen zusammen, so erhalten wir 0,417 bezw. 0,372 H. (bei Ausschluss von 5) zu 0,276 D., was mit den bei den anderen älteren Cisten beobachteten Grössenverhältnissen eher stimmt.

Nachdem so die Bedenken wegen der Masse gehoben sind und ein neues für eine cylindrische Fläche sprechendes Moment durch die nur einmalige Darstellung des Hockenden gewonnen ist, können wir die Möglichkeit, dass die Beschläge von einer Ciste stammen, zuversichtlicher ins Auge fassen.

Die Thatsache wäre nicht ohne Wichtigkeit, da die Reliefs ein auf jene griechisch-phönikische Erzeugnisse folgendes, allerdings sich nicht direkt aus diesen entwickelndes Stadium verträten, das wohl der zweiten Hälfte des sechsten Jahrhunderts angehört. Das Dekorationsprinzip ist im ganzen dasselbe wie bei den älteren Cisten, wenn auch die Bedeutung der einzelnen Teile schärfer erfasst ist. Füllornamente fehlen bereits vollständig. In technischer Beziehung sei hervorgehoben, dass die Verzierung mit Stempeln gemacht ist, wobei sich derselbe Stempel mehrere Mal wiederholt.

---

1) Nicht ohne Interesse dürfte ein Vergleich der Palmetten-Lotoskette 6 mit dem Palmetten-Lotosband am Echinos pästanischer Kapitäle sein (vgl. **Puchstein**, 47stes Winkelmannsprogramm, S. 46, 60), an deren höherem Alter man mit Unrecht gezweifelt hat. Vgl. auch Dörpfeld etc., 41stes Winkpgr. T. II z. 3. (S. 25), Furtwängler, Olympia IV (Bronzen) n. 749 (T. XLII). Wegen 5 vgl. z. B. Salzmann, Camiros pl. 37 und 52, wo aber die Lotoskelche oben drei Spitzen haben.

4. Die Cista von Moritzing und die oberitalischen Situlen.

Tief in den östlichen Alpen wurde ein Fund gemacht, den wir ebenfalls einer kurzen Betrachtung unterziehen müssen, die Bronzeciste von S. Moritzing[1]). Sie ist nur in Bruchstücken erhalten, doch wohl im ganzen richtig zusammengesetzt und mit Bügelhenkeln ergänzt. Sie hat, von den Friesen abgesehen, vier Bildstreifen, welche durch leere, von Rippen eingefasste Zwischenräume getrennt werden. Wir finden also auch hier die Combination der gewöhnlichen Ciste und der cista a cordoni, wobei die Rippen in naturgemässer Weise zur Trennung der einzelnen Bildstreifen verwandt wurden. Die Figuren sind getrieben und graviert. Die Ciste zeigt die gewöhnliche Vernietung der ciste a cordoni.

Um die Kunstrichtung dieser Ciste richtig beurteilen zu können, müssen wir erst eine andere Denkmälergattung behandeln, die diesseits des Apennins und im Alpengebiet eine grosse Rolle spielt, die sog. Situlen.

Es ist hier nicht der Ort, um die Geschichte dieses Gerätes zu verfolgen, obwohl sie uns manche Bestätigung und Ergänzung der für die Cisten gewonnenen Resultate bringen würde[2]). Zeigt ja die Entwicklung der beiden Geräte, die sich in manchen Gegenden geradezu ersetzen, auffallende Übereinstimmungen. Die Bronzeform der Situlen taucht zu gleicher Zeit und in gleicher Umgebung, diesseits und jenseits des Apennins auf; zunächst treten häufig an Stelle des teueren Materials Nachahmungen in Thon, die später eine selbständige Weiterbildung erfahren. Auch hier erscheinen die Formen mit Bügelhenkel und seitlichen Handhaben, auch die technische Entwicklung ist eine analoge[3]). Der mit der Zeit sich modificierenden Form entspricht der Wechsel der Verzierungsweisen: den geometrischen Stil löst ein aus einheimischen und orientalischen Elementen gemischter ab, diesen einer von eigenem lokalen Charakter. Uns berühren hier wesentlich nur die mit Bildstreifen verzierten Situlen, welche hauptsächlich in den Nekropolen von Bologna und Este zum Vorschein gekommen sind. Von den ei- oder bommelförmigen, diesseits und jenseits des Apennins gefundenen sehen wir ab.

---
1) Abg. Mon. X T. VI (wonach unsere Skizze) und Zannoni, scavi T. XXXV. 64, vgl. Conze, ann. 1874, S. 164 f. Wegen der schlankeren Form vgl S. 41, Anm. 1.
2) Auch steht meines Wissens eine zusammenfassende Behandlung der Situlen durch Ghirardini in Aussicht.
3) Über Situlen mit Holzkern vgl. Zannoni, scavi S. 242, Anm.

Die beste Zusammenstellung dieser Situlen mit bildlichem Schmucke findet man bei Ghirardini, la Collezione Baratela di Este (Roma 1888), S. 183 f. (= Not. d. scavi 1888, 355 f.)

Die älteste derselben ist die bekannte in der Villa Benvenuti in Este ausgegrabene[1]). Dieselbe lag in einem Übergangsgrab der II. zur III. euganeischen Periode und wird von Ghirardini mit Recht um das Jahr 500 angesetzt. Sie zeigt in drei durch Buckelchen getrennten Zonen in getriebener Arbeit Scenen aus dem kriegerischen und alltäglichen Leben, sowie phantastische und wirkliche Tiere. Nach Stil und Inhalt der Darstellung kann kein Zweifel sein, dass wir es mit einer einheimischen Arbeit zu thun haben, die nach Ausweis einer Reihe ähnlich geschmückter, aber etwas jüngerer Situlen und Votivreliefs wahrscheinlich auf euganeischem Boden selbst entstanden ist. Ihr Erscheinen ist sehr lehrreich, Ghirardini nennt es un fenomeno nuovo, strano, inaspettato. Bis jetzt fand sich nämlich in keinem der vielen Gräber der zweiten euganeischen Periode ein Gegenstand mit figürlicher Darstellung; auch das Inventar der übrigen Übergangsgräber und vor allem auch die sämmtlichen anderen Beigaben des reichen Grabes, welches die Situla Benvenuti barg, haben nur geometrische Verzierungen. Wir bemerken also in dem einheimischen Kunsthandwerk durchaus keine Vorstufe oder auch nur Ansätze der Kunstweise, wie sie die Situla Benvenuti zeigt. Es bleibt also nichts übrig, als in dieser etwas Neues, von Aussen Zugeführtes zu sehen. Wir fragen, woher diese neuen Elemente gekommen sind. Ghirardini hat diese Frage in seinem wichtigen Buche La Collezione Baratela, S. 193 f. (= Not. 1888, 395 f.) ausführlich behandelt und das, wie ich glaube, unanfechtbare Resultat gewonnen, dass die Kunst, welche auf der Situla zu Tage tritt, zunächst weder von Phönikien, noch Etrurien, sondern von Griechenland abzuleiten sei. Doch vermag er den Weg nicht näher anzugeben. Er hat zwar die Wichtigkeit der melischen Vasen für diesen Zweck erkannt, dagegen eine andere noch wichtigere Denkmälergruppe nicht zur Genüge beigezogen. Ich meine die oben besprochene Gattung, zu welcher die Chinsiner Elfenbeinciste gehört. Man halte nur die beiden Kunstwerke neben einander. Man vergleiche die Zusammenstellung phantastischer Tiere und solcher des Hauses und Waldes, zwischen denen sich die menschliche Gestalt bewegt. Ferner die „Kentaurin" der Elfenbeinciste mit einer ähnlichen phantastischen (allerdings männlichen) Bildung im

---

2) Abg. bull. pal. VI. T. VI, L. Benvenuti, la cista B. Este, 1888 T. I, Zannoni, Scavi T. 36; das betr. Grabinventar ist von Prosdocimi, bull. pal. VI. T. IV. V und in der Prachtpublikation von L. Benvenuti auf Tafel II zusammengestellt.

obersten Streifen der Situla¹). Noch auffallendere Übereinstimmungen zeigt die zweite Zone der Ciste mit der dritten der Situla. Dort wie hier bemerken wir hinter bezw. auf einer Ranke einen Flötenbläser und vor ihm zwei mit Lanzen ausgerüstete Krieger, es folgen ein Gespann und marschierende Krieger. Schliesslich sehen wir auch hier die Zwischenräume durch Lotos- und Palmettenranken und Volutenblüten ausgefüllt, wie wir es bei jener Ciste so verschwenderisch gefunden haben. Meines Erachtens sind diese Übereinstimmungen so schlagend, dass wir unbedingt annehmen müssen, dass dem euganeischen Künstler ein ähnliches Vorbild wie jene Elfenbeinciste vorgelegen habe²). Doch verrät die Situla schon etwas jüngere Zeit. Ein gewisser lokaler Charakter ist bereits bestimmt in den einzelnen Figuren zum Ausdruck gekommen. Die Füllornamente sind schon spärlicher verwandt und vor allem vielfach mehr wirklichen aufsprossenden Pflanzen angenähert. Die Zeichnung der Form ist sicherer, die ganze Darstellung einfacher und besser gegliedert. Dies stimmt also ganz vortrefflich dazu, wenn wir aus anderen Gründen genötigt sind, die Elfenbeinciste um die Mitte des sechsten Jahrhunderts, die Situla gegen das Jahr 500 anzusetzen. Wir sehen also, dass derselbe Kulturstrom, dessen Einwirkungen wir in Latium und Etrurien wahrgenommen haben, auch jene Nordostecke Italiens bespült und befruchtet hat. Die Vermittlung könnte ja allerdings durch Etrurien erfolgt sein; doch ist dies bei dem gänzlichen Fehlen anderer etruskischer Erzeugnisse in diesen Gegenden unwahrscheinlich. Diese kulturgeschichtlich nicht unwichtige Erscheinung ist m. W. bis jetzt nicht beachtet worden. Noch ist in Betracht zu ziehen, dass sich in jenem entlegenen Winkel Italiens gewisse Kunstformen offenbar länger erhalten haben als in anderen, regerem Verkehr ausgesetzten Landschaften, wie ja auch ein Vergleich mit den zweifelsohne etwas älteren Reliefs von Bomarzo lehrt, welche den orientalischen, namentlich auch durch die Füllornamente bekundeten Einfluss fast ganz überwunden haben. Deshalb dürfen wir bei der Datierung der Situla zeitlich schon etwas weiter herabgehen, als es für manches andere Kunstwerk gleicher Entwicklungsstufe erlaubt wäre.

Dasselbe conservative Festhalten des Alten können wir noch an einer grösseren Anzahl anderer Situlen verfolgen. Die nächstälteste ist die Situla der Certosa (abg. Zannoni, scavi T. XXXV, bull. pal. VI. T. VII), welche um die Mitte des fünften Jahrhunderts entstanden sein dürfte (vgl. auch Ghirardini, la Coll. Baratela, S. 190). Die einzelnen Streifen sind durch leichte Rippen getrennt. Der Stil der Darstellung zeigt den eigentümlichen lokalen Charakter deutlicher, die Gliederung ist ebenfalls fortgeschritten; die Tiere sind auf den

---

1) Vgl. auch die ähnlichen Bildungen auf dem Helm von Oppeano bei Zannoni, scavi T. XXXV. 57, 59, bull. pal. IV. T. VI und Archaeologia XLI T. VI.

2) Wohl mit Recht nimmt Böhlau, Jahrb. III, S. 359 ähnliche frühjonische Vorbilder auch für die altböotische und altattische Vasenmalerei an (indirekt über Chalkis).

untersten Streifen beschränkt, die Füllornamente verschwunden. Aber im ganzen steht sie doch in keinem Vergleich zu den Fortschritten, welche wir die Kunst um diese Zeit in anderen Gegenden machen sehen. Die beiden Situlen haben keine Einfassung durch Palmetten-Lotosketten, wie wir es bei den Cisten sehen, sondern über der Darstellung ein geometrisches Muster, eine Erinnerung der Periode, deren Ende sie eben herbeigeführt haben.

Etwas jünger sind die Situlen von Watsch und Matrei, welche ebenfalls jenes Abschlusses entbehren. Nur die nach Brizio[1]) und Ghirardini (La Coll. Bar., S. 190) schon in die zweite Hälfte des vierten Jahrhunderts gehörige situla Arnoaldi hat oben einen Knospenfries, unten einen Eierstab; doch sind auch die einzelnen Streifen durch schwache Rippen und Knospenfriese getrennt. Auffallend sind hier die zahlreichen Füllornamente wie bei den ältesten Denkmälern, so dass man die Situla in höhere Zeit hinaufrücken möchte. Doch wird man den Ausführungen Brizio's, namentlich auch in Anbetracht der entwickelteren Form, Recht geben müssen. Ähnliche Erscheinungen erstarrten handwerksmässigen Festhaltens einer älteren Ausdrucksweise zeigen ja auch die zahlreichen Blechreliefs des Fondo Baratela (vgl. Ghirardini, La Coll. Bar., S. 199 f.).

Nach dieser Abschweifung ist es leicht, der Ciste von Moritzing ihre Stellung zuzuweisen. Ein Blick genügt, um zu erkennen, dass hier dieselbe Kunst wie auf den behandelten Situlen zu Tage tritt. Und zwar zeigen die beiden Friese, sowie die Zusammenfassung der Tiere im untersten Streifen, die Art der Füllornamente, sowie der freiere Stil der Figuren überhaupt, dass sie in jüngere Zeit als die Situla der Certosa zu verweisen ist. Mit der Situla Arnoaldi hat sie die Trennung der einzelnen Streifen durch leere, von Rippen begrenzte Zwischenräume, den Knospenfries, den Tierstreif, die Füllrosetten, manche Eigentümlichkeiten der Bildung der Pferde gemeinsam, doch ist sie offenbar etwas älter und von einem sorgfältigeren und geschickteren Meister hergestellt. Nach aufwärts hat sie die meiste Ähnlichkeit mit der Situla von Watsch, so dass sie wohl zwischen diese beiden gehören wird.

Fragen wir nach dem Sitz dieser eigenartigen, etwas bäuerlichen Kunst, so dürfte Este durch seine zahlreichen Situlenfunde, durch die erwähnten, in gleicher Manier verzierten Bronzereliefs des Fondo Baratela als in Hauptcentrum gesichert sein. Die vereinzelten in Bologna gefundenen Exemplare lassen eine solche Annahme für diese Stadt weniger glaubhaft erscheinen[2]), sie ist um so unwahrscheinlicher, als in Bologna auch eine Anzahl situlenförmiger Thongefässe mit schwarz- und rotaufgemalten Zonen vorkommen, die sich mit Sicherheit als Import oder doch wenigstens als Nachahmung solcher der

---

1) Brizio, Atti e Mem. d. R. Dep. etc. 1884, S. 278.
2) Vgl. Brizio, la provenienza degli Etruschi in d. Atti e Mem. etc. 1885 (Ser. III, vol. III), S. 207, Anm. 2.

euganeischen Gruppe erweisen lassen¹). Indessen werden wir uns die Verbreitung dieser Metall-Industrie über das Land hin und zwar bis in die Alpen hinein teilweise auch durch kleinere lokale Werkstätten vorstellen müssen. Für solche Herstellung im Kleinhandwerk spricht schon die Thatsache, dass die Figuren auch von minderwertigen Situlen stets aus der Hand getrieben sind (Ghirardini, la Coll. Bar., S. 200 = Not. 1888, 370), was bei fabrikmässigem Betriebe schwerlich geschehen wäre. Noch heute wird in jenem Winkel Italiens das Kupferschmiedehandwerk in einer Ausdehnung getrieben, wie wohl nirgends sonst in Italien. Schon in Brescia und von da ab immer häufiger sieht man bei einem Gang durch die Strassen der Städte und Städtchen eine Unmenge von Werkstätten und offenen Läden, aus denen das betäubende Geräusch der Hämmerchen erschallt, mit denen das dünne Kupferblech und zwar meistenteils zu Eimern getrieben wird. Gar häufig sind diese noch mit getriebenen Verzierungen geschmückt, ganz wie in alter Zeit. An Orten wie Venedig bilden sogar derartige kleine verzierte Eimerchen einen Gegenstand der Kunstindustrie²).

In Este hat man glatte Cisten bisher nicht gefunden³), sondern nur Reste einiger gerippten.

Es ist deshalb von um so höherem Interesse, dass in diesem Kreise, wenn auch hoch im Norden, eine solche Ciste zum Vorschein kam, welche die alte, vom Osten hergebrachte Kunstweise vorführt, unter deren Einfluss auch die Verzierungen der Situlen entstanden sind.

5. Die ovale Ciste von Vulci.

Die nach einer Photographie angefertigte Skizze vergegenwärtigt die bekannte ovale Ciste aus Vulci (abg. Mus. Greg. I. 40—42, Gerhard, etr. Spiegel, I, T. 9—11, Mon. 1855,

---

1) Vgl. Zannoni, scavi, S. 160, 199, 320, 367, Brizio, Atti e memorie etc. ser. III. v. III, S. 189, Ghirardini, la Coll. Baratela, S. 153 = (Not. 1888, 355).

2) Vgl. auch Orsi, Mus. Ital. II, S. 845: „In gran parte dei villaggi delle Alpi e nella campagna veneta i secchielli in rame per trasportare e conservare l'acqua son decorati a martello di vaghe composizioni geometriche, o tratte dal mondo animale e dal vegetale; alle volte presentano fregi con figure fantastiche e mostruose. Ma anche questa usanza tende ormai a sparire, per dar luogo a nuove forme di recipienti."

3) Es ist eigen, wie die verschiedenen Gegenden Italiens an bestimmten Gefassformen besonderen Geschmack fanden. Während in der älteren Villanovaperiode überall die gleiche Form des Ossuarium herrscht, treffen wir, nachdem der ausländische Import neue Formen kennen gelehrt hat, in der Gegend von Bologna vorzugsweise die Cistenform, in der euganeischen Gruppe die der Situla, in gewissen Gegenden Etruriens den canopus, in Unteritalien die Urnen und an anderen Orten andere Formen, welche, in Metall und in Thon, geradezu die Stelle des früheren Ossuarium einnehmen.

T. XVIII, vgl. Schöne, ann. 1866, S. 163 n. 9). Dieselbe ruht auf vier Füsschen, unter denen die so häufigen Frösche (bezw. Schildkröten) oder viereckigen Basen fehlen. Der (etwas übergreifende) Deckel ist mit einer männlichen und einer weiblichen Griff-Figur geschmückt, welche so auffallend schlank sind, wie wir es auch auf gewissen latinisch-griechischen Erzeugnissen öfters finden. Die einzelnen Bildstreifen sind durch Rippen getrennt. Oben bemerken wir das Ornament des „laufenden Hundes", im Hauptstreif Amazonenkämpfe in Relief, als Einfassung eine alternierende Palmetten-Lotoskette. Im „laufenden Hund" sind zwei Unterbrechungen zu beobachten: der Mittelpunkt der Langseiten ist nämlich dadurch bezeichnet, dass an den betreffenden Stellen zwei Voluten mit kleiner Palmette auftreten. Das eine mal über der hervorragenden Gruppe, wo ein Grieche eine berittene Amazone an den Haaren rücklings vom Pferde herunterzuziehen versucht, ganz wie wir es in der schönen Gruppe des Frieses von Phigalia sehen, die andere Stelle ist da, wo der einzelne Jüngling mit Schild dargestellt ist, der seine Rechte erhoben hat. Wir können also auch hierin eine Bestätigung dessen erblicken, was wir oben über die Anordnung der Friese auseinandergesetzt haben. Im oberen Palmetten-Lotosband sind vier Ringe befestigt, doch verdanken sie sicher späterer Restauration ihr Dasein. Denn im Hauptstreifen gewahrt man 2 mal 7 Löcher schräg untereinander, in denen z. T. noch kleine Ansätze stecken; auch sind hier an einzelnen Stellen noch die Eindrücke der Ringe sichtbar.

Die Verzierung ist durch einen mehrmals wiederholten Stempel hergestellt und häufig von einer punktierten Linie begleitet. Nach dem Stil kann die Ciste nicht vor das Ende des vierten Jahrhunderts angesetzt werden, wie am deutlichsten das Blumengewinde und die männlichen und weiblichen Satyrköpfe des Deckels zeigen[1]). Man darf sogar noch an den Anfang des dritten Jahrhunderts denken.

Schon Schöne bemerkte ann. 1866 S. 164 „mostra un' affinità luculenta coll' arte della Magna Grecia" und in der That ist zum mindesten starker griechischer Einfluss zuzugeben. Meines Erachtens ist die Ciste mit jenen reliefverzierten Spiegelkapseln etruskisch-kampanischer Fabrik zusammenzubringen, von denen die älteren und besseren das unteritalisch-griechische Element noch stärker hervortreten lassen.

Ein Vergleich mit den Reliefs von Bomarzo, deren grossgriechischer Ursprung nicht ohne eine gewisse Wahrscheinlichkeit vermutet worden ist, liegt nahe. Sind diese auch durch einige Jahrhunderte von der Vulcenter Ciste getrennt, so zeigen sie doch dieselbe Dekorationsweise („den laufenden Hund" und die den Bildstreif einfassenden alternierenden Palmetten-Lotosketten) und dieselbe technische Herstellung durch Stempel. Man könnte daher daran denken, dass wir in der Vulcenter Ciste einen Ausläufer jener oder doch wenigstens einer nahestehenden Kunstrichtung besitzen. Wie weit diese Annahme berechtigt ist, möge einstweilen dahingestellt bleiben.

Ovale Form haben noch mehrere Cisten, welche an verschiedenen Orten zum Vorschein gekommen sind (vgl. Schöne, ann. 1866 n. 12 (18). 34. 45—50. 60. 65). Wenn aber Schöne meint (S. 200), dass diese Form meno nobile gewesen sei, da verschiedene ein Holzgerüst hätten (n. 45. 50. 60), während andere ganz ohne Verzierung seien (n. 46—48), so lässt sich diese Erscheinung nach dem, was wir über die Entwicklung der cylindrischen Form festgestellt haben, jetzt richtiger erklären. Jene Technik beweist, dass die betreffenden Cisten älterer Zeit, etwa dem fünften und vierten Jahrhundert angehören. Die ovale Form kann also nicht als eine erst in späterer Zeit entstandene angesehen werden, wie es gelegentlich geschehen ist. Damit stimmt, dass sich auf einigen die wesentlich für die älteren Zeiten charakteristische, durch die Dünne des Metalls bedingte Verzierung in Relief findet (vgl. n. 45, 60, 65, wovon n. 45 noch mit einer Naht).

Wie über die ovalen Cisten späterer Zeit n. 18 und n. 49 (vgl. auch n. 34) zu urteilen ist, haben wir oben S. 36 gesehen. Übrigens findet sich die ovale Gestalt auch auf Cistenzeichnungen der eigentlichen pränestinischen Epoche (vgl. ann. 1870, S. 344, n. 76).

---

1) Mit letzteren vgl. Furtwängler, ann. 1877, S. 232, Anm. 2: „anche uno dei rari vasi dipinti finora usciti dal suolo di Palestrina, ch'è una piccola cista della solita forma con coperchio, ma senza piedi, . . offre la testa di un Satiro barbato di fronte ed una testa muliebre bianca, più volte ripetuta"; auch Inghirami, Mon. Etr. V. 2 T. III und häufig auf späten Vasen, namentlich den unteritalischen.

6. Die unteritalischen Bronzeurnen.

An mehreren Orten Unteritaliens, in Cumae, Capua, Suessula, hat man eigenartige bronzene Urnen gefunden, welche die Asche des Toten zu enthalten pflegen. Sie wurden zuerst von v. Duhn zusammengestellt, der ihren Ursprung auf die chalkidischen Kolonien Unteritaliens und spez. Cumae zurückführt [1]). Sie haben einen eiförmigen, häufig mit feinen Gravierungen bedeckten Körper und einen mit figürlichem Griff versehenen Deckel.

Die Vermutung liegt nahe, und ist auch von v. Duhn an mehreren Stellen ausgesprochen worden, dass sie auf die Cisten Einfluss gehabt haben. Auf die Form der Cisten allerdings nicht. Denn wir haben gesehen, dass sowohl die cylindrische wie auch die ovale Form der Cisten schon sehr frühe in Oberitalien entwickelt war, erstere sicher schon in einer Zeit, in welcher der unteritalische Handel noch nicht in Betracht kam. Die Mehrzahl der bisher in Unteritalien gefundenen Urnen gehört dem fünften Jahrhundert an. Doch kennen wir auch jüngere, deren etwas veränderte Form aber noch weit von derjenigen der Cisten entfernt ist (vgl. Röm. Mitt. II, S. 271 f.).

Anders steht es mit den Deckelfiguren und der Verzierung. Erstere sind meist durch aufrechtstehende menschliche Figuren in allen möglichen Handlungen und Haltungen gebildet, wie wir es auch bei den Cistengriffen gefunden haben. Mit Recht bringt letztere daher v. Duhn mit solchen unteritalischen Vorbildern in Zusammenhang (ann. 1879, S. 155). Nachdem er hervorgehoben, dass die Cisten der Villanovakultur im wesentlichen der Füsschen und Griffe entbehren, fährt er fort: „sopravennero i Greci e con loro le urne fornite di ornamenti plastici: questa combinazione piacque non solamente a' Vulcenti, ma anche a' Prenestini, è si gli uni come gli altri incominciarono ad adoperare questo modo per dare una maggior apparenza a'prodotti della loro arte, senza però che potessero, non essendo stati loro i creatori di tale invenzione, trovar modo organico nel congiungere corpo e figure (insofern als bei den pränestinischen Cisten die Verbindung häufig ziemlich roh durch Nägel stattfand, während bei den Urnen Lötung angewandt wurde). Chi guarda attentamente la serie di figure plastiche de'

---

1) Vgl. v. Duhn, ann. 1879, S. 119 f, 1883, S. 186, Röm. Mitt. II, S. 275. Vgl. auch Helbig, ann. 1880, S. 223 f., Milchhöfer, Anf. d. Kunst, S. 213 f., Furtwängler, Olympia IV (Bronzen), S. 135.

coperchi e più ancora gli ornamenti plastici, le Arpie ecc. a pieducci, vi troverà molti motivi e talvolta anche nell'esecuzione qualche traccia indubitabile che accenna ad un' origine più greca che non etrusca". Zwar können wir nicht annnehmen, dass jene Urnen Unteritaliens mit ihren hübschen Griffen und plastischen Verzierungen direkt den Cisten, wie sie in den Gräbern des fünften Jahrhunderts in Bologna vorkommen, zum Vorbild dienten; denn ähnliche Griffe finden sich auch noch auf andern Geräten, auch ist es gar nicht ausgeschlossen, dass noch jene Cistenformen selbst in unteritalischen Gräbern entdeckt werden, ja sogar nicht unmöglich, dass einige der bessern Cisten von Bologna mit den griechischen Vasen importiert sind.[1]) Aber jedenfalls ist es richtig, dass jenes figürliche Beiwerk der Cisten des fünften Jahrhunderts auf dem angedeuteten Wege nach dem Norden gekommen ist. Wir finden zwar auch in Etrurien schon in den älteren Zeiten figürliche Griffe an Gefässen und Geräten von Metall und Thon, indessen zeigen doch erst die griechischen Arbeiten eine richtigere organische Verbindung und feinere, zweckentsprechendere Gestaltung. Dieselben haben dann dem italischen Kunsthandwerk zu mehr oder weniger erreichten Vorbildern gedient[2]). Die Griffe der eigentlichen pränestinischen Cisten des dritten Jahrhunderts scheinen dagegen grösstenteils zunächst auf etruskische Vorbilder, also erst indirekt auf griechische Tradition zurückzugehen, wenn auch einzelne darunter sind, welche unmittelbaren unteritalisch-griechischen Einfluss verraten.

Ebenso nahe liegt der Gedanke, dass die auf mehreren dieser Bronzeurnen sich äussernde unteritalische Gravierkunst auf die Gravierungen der latinischen und etruskischen Cisten Einfluss gehabt habe, auch wenn Novios Plautios, der Meister der Ficoronischen Ciste, oder Vibis Pilipus, der Graveur eines birnförmigen pränestinischen Spiegels[3]), keine Campaner wären, was ja allerdings noch nicht unumstösslich erwiesen ist.

---

1) Der Annahme des Imports griechischer Bronzewaren nach Bologna steht nichts im Wege. Im Gegenteil müsste man sich wundern, wenn neben den hunderten von Vasen keine anderen Erzeugnisse des griechischen Kunstfleisses dahin gelangt wären. Nun haben uns die Publikationen der olympischen und unteritalisch-griechischen Bronzen gezeigt, wie gar manche Gefäss- und Geräteform, die man bisher für spez. etruskisch hielt, in griechischen Landen ihren Ausgangspunkt hat. Wir sind dadurch in Stand gesetzt, viele Bronzegefässe und Geräte nicht nur Etruriens, sondern auch solche, die im Alpengebiet und bis in das nördliche Deutschland gefunden wurden, als griechische Fabrikate des sechsten und fünften Jahrhunderts zu erkennen. Für Bologna haben wir aber auch ein positives Zeugnis. Ein dort gefundenes Bronzefigürchen trägt eine griechische Aufschrift, derzufolge es seine Anwesenheit der Einfuhr aus griechischer und zwar dorischer Gegend verdankt (ann. 1834, S. 222 f., tav. E, vgl. Helbig, Rend. d. R. Acc. d. Lincei 1889, S. 85, Anm. 3).

2) Vgl. auch Furtwängler, Olympia IV, S. 25 f.

3) Vgl. (Gerhard-) Klügmann-Korte, etr. Spiegel V. T. 45. Mommsen, Ephem. epigr. I, S. 15, n. 24, C. I. L. I, S. 210, Jordan, Krit. Beiträge, S. 5, n. 16, 14.

Vergleichen wir die **Capuaner Graburne** mit einer gewöhnlich auf die Caeussage bezogenen Darstellung¹), Tierkämpfen und Palmetten-Lotosband, so haben **wir dasselbe Dekorationssystem**, dem wir auf den Cisten begegnet sind.

Wir sehen also, dass die unteritalische Gravierkunst sich schon früh mit der Schmückung eines vielfach mit den Cisten zu vergleichenden Gerätes beschäftigte und dabei denselben Prinzipien folgte, wie sie uns die Verzierungen dieses Gerätes geoffenbart haben. Bei den regen Beziehungen zwischen Campanien und Latium, sowie dem südlichen Etrurien kann dies nicht ohne Einfluss geblieben sein.

7. Bemerkungen zur unteritalischen Metallindustrie und Gravierkunst.

Es ist selbstverständlich, dass die latinischen Spiegel und Cisten noch in vielfacher Beziehung von der etruskischen Kunst beeinflusst sind. Doch hat schon Jahn nachgewiesen²), dass in Latium bereits gegen Ende des fünften Jahrhunderts d. St. neben der etruskischen Kunstübung eine eigene Richtung bestand, welche von jener unabhängig direkt von griechischer Kunst ihre Vorbilder hernahm.

Jahn ist namentlich durch die Betrachtung einiger pränestinischer Spiegel zu jenem wichtigen Resultate gelangt. Es ist daher nicht ohne Interesse festzustellen, in welchem Verhältnis die mit Cisten gefundenen Spiegel zu diesen stehen.

Im allgemeinen muss man ja den älteren Fundangaben gegenüber etwas vorsichtig sein, doch lässt sich aus dem Gesamtmaterial heraus immerhin ein sicheres Bild gewinnen. Wir können hier nicht alle mit Cisten gefundenen Spiegel im einzelnen betrachten, sondern müssen uns im wesentlichen auf die Hervorhebung der Resultate beschränken. Darnach ersehen wir, dass bei oder in den älteren (etruskischen) Cisten des fünften und vierten Jahrhunderts nur solche Spiegel waren, die man allgemein als etruskisches Fabrikat ansieht³). In der besprochenen, dem Ende des vierten oder Anfang des dritten

---

1) Minervini, Mon. ant. in. poss. d. R. Barone T. A., (wonach unsere Skizze), Ann. 1851 T. A., Mon. V. T. XXV, vgl. Furtwängler und R. Peter bei Roscher, Lex. d. Myth., S. 2241 und 2275, dagegen v. Duhn, Atti e Mem. etc. III. ser., vol. VIII, S. 14, Anm. 2, auf der Geryones deutet.

2) Jahn, die Ficoron. Ciste, S. 60.

3) In der Cista Bonarelli (ann. 1866, n. 6), welche nach ihrem mit Leder und Bronzeblech verkleideten Holzgerüst spätestens in das vierte Jahrhundert gehört, soll ausser einem zweifelsohne etruskischen Spiegel, der nicht jünger als aus dem vierten Jahrhundert sein kann (Gerhard, etr. Spiegel T. LXXXVII), ein anderer schon leicht birnförmiger gefunden sein (Gerhard CXXXI, vgl. Jahn, d. Ficor. Ciste, S. 37, Anm. 4). Man sieht diese Form gewöhnlich als eine **spez. pränestinische**, also latinische an. Indessen ist sie ebenso in Etrurien zum **Vorschein gekommen**. Ich

Jahrhunderts angehörigen ovalen Ciste von Vulci soll der bekannte Durand'sche Spiegel gewesen sein (Gerhard, etr. Spiegel CLXXXI (vgl. I, S. 32), Mon. II. 6), der sicher etruskisch ist und derselben Zeit angehört. Mit der Ficoronischen Ciste bringt man (doch nicht ohne Widerspruch) den nach Inschrift und Stil latinischen Spiegel Gerhard, T. CLXXI in Verbindung (vgl. Jahn, Ficor. Ciste, S. 56 f., Schöne ann. 1866, S. 152 f.). Vergleicht man die ältere Form des Übergangs zwischen Griff und Spiegelrund, sowie den noch weniger entwickelten Tierkopfgriff mit den Spiegeln eigenster „pränestinischer" Form, wie sie in späteren Cisten gefunden sind (z. B. ann. 1866 n. 2 und Gerhard, T. LXXIII, ann. 1866 n. 3 und Gerhard, CCCL, ann. 1866 n. 4 und Inghirami, mon. etr. II T. 11, ann. 1866 n. 8 und Gerhard, CCXXXVI, ann. 1866 n. 18 und Klügmann-Körte, T. 43), so darf man vermuten, dass jener Spiegel trotz der nachlässigen Zeichnung wirklich älter als die letzteren ist und gleiches Alter mit der Ficoronischen Ciste hat. Alle die erwähnten mit eigentlichen pränestinischen Cisten gefundenen Spiegel haben nach ihrem Stile mit den etruskischen wenig gemein, sondern sind Zeugen einer nationalen, von griechischen Einflüssen beherrschten Kunstübung.

An den Spiegeln war der Unterschied zwischen etruskischer und latinischer Kunst leichter klar zu machen, da sowohl von etruskischen wie latinischen Spiegeln aus derselben Zeit eine grosse Anzahl vorhanden ist. Etwas anders liegt die Sache bei den Cisten, da wir bis jetzt zu wenig etruskische besitzen, die mit Gravierungen geschmückt sind. Indessen leuchtet bei einem Vergleiche des Stils der betreffenden latinischen Spiegel mit pränestinischen Cisten ohne weiteres ein, dass jenes Resultat auch für die Cisten gilt.

Wir haben oben S. 24 f. dargelegt, dass die unteritalisch-griechische und die in latinisch-griechischen Fabriken des südlichen Etruriens geübte Vasenmalerei nicht ohne Einwirkung auf die Verzierung der Cisten geblieben ist. Andererseits haben wir aber auch an einer bestimmten Gerätegattung, den Bronzeurnen, kennen gelernt, zu welcher Bedeutung es die unteritalisch-griechische Gravierkunst gebracht hat. Wir sehen uns daher zur Frage gedrängt, ob nicht diese selbst für Mittelitalien und spez. die latinische Kunst von grösserer Wichtigkeit gewesen sei, als man bis jetzt angenommen.

Es dürfte also am Platze sein, uns mit der unteritalisch-griechischen Graviertechnik etwas näher zu beschäftigen. Wir haben unteritalisch-griechisch gesagt, ohne deshalb

---

zweifle daher nicht, dass sie in Praeneste nur in Nachahmung der etruskischen entstanden ist. Jener Spiegel zeigt nach Gerhards (stilgetreuer?) Publikation allerdings gegenüber dem genannten etruskischen freiere Zeichnung, doch ist sie immer noch etwas strenger, als wie wir sie auf den eigentlichen pränestinischen treffen; auch die Form ist noch etwas älter. Also könnten wir immerhin ein etruskisches Vorstadium jener eigentlichen Birnform darin erblicken, wie etwa Gerhard, etr. Spiegel CDXIX und CCLXXXVI. 1.

uns eine einheitliche, das ganze griechische Unteritalien umfassende Kunstübung vorzustellen. Vielmehr müssen wir auch in der Metallindustrie ganz entsprechend wie in der Keramik die verschiedenartigsten, z. T. auf Stammesverschiedenheit der Meister beruhenden Richtungen voraussetzen.

Doch fehlt es über diese Fragen noch fast gänzlich an Vorarbeiten, so dass wir es nicht als unsere Aufgabe ansehen können, hier ein erschöpfendes Bild zu geben. Vielmehr begnügen wir uns damit, verschiedene einschlägige Fragen in Anregung zu bringen und einige in dieser Hinsicht wichtige Gegenstände der Karlsruher Sammlung vorzulegen.

Bei der Kostbarkeit und Vergänglichkeit des Materials einerseits, sowie in Anbetracht der immer noch sehr beschränkten Ausgrabungen, ist es begreiflich, dass feinere Metallarbeiten aus älterer Zeit nur in verhältnismässig geringer Anzahl vorhanden sind. Doch lässt sich die — häufig noch nicht genügend gewürdigte — Bedeutung der Metallindustrie der älteren Zeit, auch abgesehen von den litterarischen Nachrichten, durch ihre Einwirkungen auf weniger dem Untergang ausgesetztes Material, vor allem die Vasen, erkennen. Diese ausgesprochene Abhängigkeit der Keramik von den Metallgefässen ist schon in der mykenischen Periode klar. Sie tritt aber noch deutlicher hervor in den auf jene folgenden Entwicklungsphasen, sowohl in Griechenland wie in Italien, hier bis jetzt am deutlichsten in der sog. Villanovaperiode. Ausser den Nachbildungen in gewöhnlichem Thon mit geometrischer Verzierung ist es die sog. red-ware- und bucchero-Ware, welche sich im Osten, auf den Inseln, in Sizilien und ganz Italien findet und aufs deutlichste die Nachahmung von Metallvorbildern bekundet. Seit Beginn der Villanovaperiode riefen, wie wir schon oben sahen, vom Osten importierte Metallwaren allenthalben lokale Imitationen in Thon wach, auch Geräte, deren Form nur auf Metall berechnet war. Und zwar wurde nicht allein die Form des Metallgegenstandes nachgeahmt, sondern auch seine Verzierung. Häufig wird Farbe und Glanz des Metalls wiederzugeben versucht; vor allem aber sind in den Thonerzeugnissen dieser Zeit alle diejenigen Techniken angewandt, die zur bildlichen Verzierung des Metallkörpers zu dienen pflegen. Bald sehen wir eingravierte Figuren, bald Reliefschmuck, bald eingepresste, ja auch durchbrochene Verzierung, je nachdem die Metallvorlage oder der Geschmack es eingab. In Bologna und der eigentlichen Villanovagruppe herrscht die Verzierung durch Einstempeln von aussen vor, auf den bucchero-Gefässen Etruriens ist das Relief häufiger[1]), in Falerii finden

---

1) Die ältere, ganz dünne bucchero-Ware ist allerdings meist graviert, namentlich die Näpfe, wie es auch ihre Vorbilder in Gold oder Silber waren (vgl. z. B. den bucchero-Napf aus Vetulonia, Not. 1887 T. XVI, fig. 6 und sein Vorbild aus vergoldetem Silber fig. 1. Die eingravierten Tiere eines bei Vulci gefundenen bucchero-Gefässes (Micali, Mon. in. T. XXXIV. 1) deuten ebenfalls sicher auf eine Metallvorlage wie die pränestinische Silberciste mit ihren silhouettenartigen eingravierten Tieren.

wir überwiegend Gravierung, in Unteritalien alle diese Erscheinungen neben einander. Durch dieses Übergewicht der Metallindustrie erklärt sich auch das zeitweise Zurücktreten der Bemalung der Gefässe, namentlich für die den griechischen Centren ferneren Gegenden, so besonders in Bologna. Aber auch die älteren griechischen und italischen Vasengattungen mit Bemalung zeigen sämtlich jene Abhängigkeit, sowohl diejenigen des geometrischen Stiles als die ihnen folgenden mit freierem, figürlichen Schmuck. Es ist dies bereits für die einzelnen älteren Vasenklassen da und dort hervorgehoben worden, ohne dass man aber die Gesamterscheinung genügend gewürdigt hätte[1].

Wir können uns hier nur auf die Besprechung derjenigen Gattungen beschränken, welche besonders für Unteritalien in Betracht kommen. Was gewisse unteritalische geometrische Vasen anlangt, verweise ich auf die Ausführungen Winters, Athen. Mitth. XII (1887), S. 240 f. und Furtwänglers, Berl. Phil. Wochenschr. 1888, S. 1453. Dass ferner die sog. proto-korinthischen Vasen, welche in Unteritalien so zahlreich gefunden werden und wahrscheinlich später hier auch fabriciert wurden, ihren eigentlichen Ursprung aber allerdings ausserhalb Italiens haben, von orientalischen Metallgefässen abhängen, ist allgemein

---

[1] Diese Abhängigkeit der Keramik von der Metalltechnik in der älteren Zeit hängt natürlich eng mit dem vom Orient über den Westen ausgeübten Einfluss zusammen, da man im Orient stets dem kostbareren Material den Vorzug gab.

Eine ähnliche, doch weniger allgemeine Erscheinung steht am Ende der schwarzfigurigen Vasenmalerei, wie sie namentlich die Erzeugnisse der Werkstatt des Nikosthenes verraten. Löscheke hält diese plötzlich hervortretende plastische Richtung für das Resultat eines starken Importes tyrrhenischen Erzes nach Athen (Arch. Ztg. 1881, S. 37 f.). Mir ist es wahrscheinlicher, auch wenn man in der Beschränkung der etruskischen Metallindustrie nicht so weit geht, wie es jetzt Furtwängler, Olympia IV, S. 74 thut, dass dies erneute Aufkommen der Metallwaren und ihres die Keramik beherrschenden Einflusses wesentlich mit dem Niedergang der Malerei in schwarzfiguriger Technik selbst zusammenhängt, die in der Gunst des Publikums gesunken war, vielleicht auch secundär mit verstärkten kleinasiatischen Beziehungen.

Für diese Auffassung scheint mir auch die gleiche Erscheinung am Ende der Vasenmalerei überhaupt zu sprechen. Nachdem schon von der Mitte des vierten Jahrhunderts ab mit dem beginnenden Rückgang der rotfigurigen Malerei an verschiedenen Orten Vasengattungen entstanden sind, welche Metallgefässe imitieren, indem sich namentlich das Relief neben der Malerei Geltung verschafft, finden wir um die Mitte des dritten Jahrhunderts, nachdem die rotfigurige Malerei auch in ihrer Nachblüte gänzlich in Verfall geraten ist, allenthalben nur Reliefgefässe, die noch häufig durch Vergoldung oder Versilberung die Ähnlichkeit mit solchen aus Edelmetall zu erhöhen suchen, deren Wertschätzung wir aus der Litteratur, jetzt auch aus den Delischen Tempelinventaren zur Genüge kennen. Dies Stadium setzt dann die bekannte calenische, megarische und aretinische Ware fort.

Die Thatsache, dass sich die zeichnende Kunst, nachdem sie in der Vasenmalerei bereits in Verfall geraten, noch eine Zeitlang auf Metall hielt (Cisten- und Spiegelgravierungen), ist auch gerade in diesem Zusammenhang leichter erklärlich.

anerkannt[1]). Auch auf die vielfachen Anknüpfungspunkte zwischen dieser Vasenklasse und den im vorigen Kapitel behandelten unteritalischen Urnen wurde schon gelegentlich hingewiesen (vgl. v. Duhn, ann. 1879, S. 140); speziell vergleicht Furtwängler mit den Tieren einer Lekythos dieser Gattung, bei denen Aussenkonturen und Innenzeichnung aufs sorgfältigste graviert sind, diejenigen der Metallurne mit dem „Cacus"-abenteuer und bemerkt: „sie erscheinen wie zwar etwas verwilderte, doch achte Abkömmlinge derselben Auffassung, die uns auf jener Lekythos begegnen" (Arch. Ztg. 1883, S. 161). Doch giebt es auch in Thon Nachahmungen jener Urnen selbst, die noch in verhältnismässig später Zeit jenen Zusammenhang verraten (vgl. z. B. Gerhard, A. V. III, T. 194. Studniczka, Jahrb. V, S. 146, Anm. 21). Ausserdem berührt uns hier die von Dümmler, Röm. Mitt. II, S. 171 f. behandelte Gattung, deren Ursprung D. im Osten sucht, während sie Furtwängler dem unteritalischen Kyme zuweist (Wochenschr. f. kl. Phil. 1887, S. 1525. Arch. Anz. 1889, S. 51 f.). Ferner kommen die Caeretaner Hydrien in Betracht, für welche D. ebenfalls ostgriechische Abstammung in Anspruch nimmt (Röm. Mitt. III, S. 166 f.), und die von ihnen abgeleitete Gattung, die D. in einer unteritalischen Stadt entstanden denkt (Röm. Mitt. III, S. 174 f.). Meines Erachtens lässt sich für die genannten Vasengattungen nicht ableugnen, dass viele Indizien nach dem Osten zeigen[2]), indessen ist jede nähere Fixierung bis jetzt reine Vermutung. Begründet scheint aber die Annahme, dass beide Gattungen in einer griechischen Stadt Unteritaliens Nachahmung und Fortsetzung gefunden haben. Schon Dümmler hat für die erste Klasse auf den Einfluss von Metallvorbildern hingewiesen (Röm. Mitt. II, S. 183, S. 177, Anm. 1, namentlich auf die Beziehungen zur Bronzeurne von Capua Mon. V. 25). Derselbe ist besonders klar bei einer mit jener Gattung verwandten Amphora aus La Tolfa der Karlsruher Sammlung, die ich

---

1) Vgl. zuletzt C. Smith, journ. of hell. stud. XI, S. 167 f. Belehrend ist ein Vergleich der Tierstreifen solcher protokorinthischer Gefässe mit denen „phönikischer" Balsamarien des achten und siebten Jahrhunderts (mit Relief und Gravierung), wie sie namentlich auf Rhodos gefunden sind und bei denen die Abhängigkeit von Metallvorbildern ganz auf der Hand liegt (z. B. Musée Napoléon III, pl. XLIX, Perrot-Chipiez, hist. de l'art III, pl. V. VI, S. 681 f.). Nach der geläufigsten Ansicht sind diese protokorinthischen Vasen altchalkidisch. Ob aber nicht der Umstand, dass unter den protokorinthischen Gefässen die für Öle, Salben, Wohlgerüche bestimmten Formen der Alabastra, Lekythoi etc. einen so grossen Raum einnehmen, einen Fingerzeig für die Urheimat dieser Gattung, den Osten giebt, zumal sie sich auch in den öfters besprochenen Gräbern des Typus Regulini-Galassi finden? Später wurden sie offenbar an den verschiedensten Orten mit ungleichem Glück imitiert.

2) Vgl. z. B. das Bronzerelief bei Perrot-Chipiez, hist. de l'art III, S. 813, fig. 565, das aus der Salt'schen Sammlung syrischer und ägyptischer Altertümer stammt.

Jahrb. IV, T. 5. 6, n. 2 (vgl. S. 222 f.) veröffentlicht habe[1]). Hier sind nicht nur die Umrisse und gewöhnliche Innenzeichnung mit ausserordentlicher Sicherheit (z. T. wie mit dem Lineal gezogen) graviert, sondern auch eine Reihe Einzelheiten, wie die Federn der Flügel, durch scharfe und sichere Einritzungen bezeichnet. Dieselben Einwirkungen der Metallindustrie lassen sich auch bei der zweiten Klasse nachweisen, die übrigens noch eine ganze Anzahl anderer Gefässformen umfasst, als man bis jetzt festgestellt hat. Natürlich sind solche vorbildliche Metallgefässe aus den oben angeführten Gründen nur sehr selten erhalten. Doch ist das Karlsruher Museum in der glücklichen Lage, ein derartiges, bis jetzt wohl einzig dastehendes Exemplar zu besitzen, das im Stande ist, uns eine Vor-

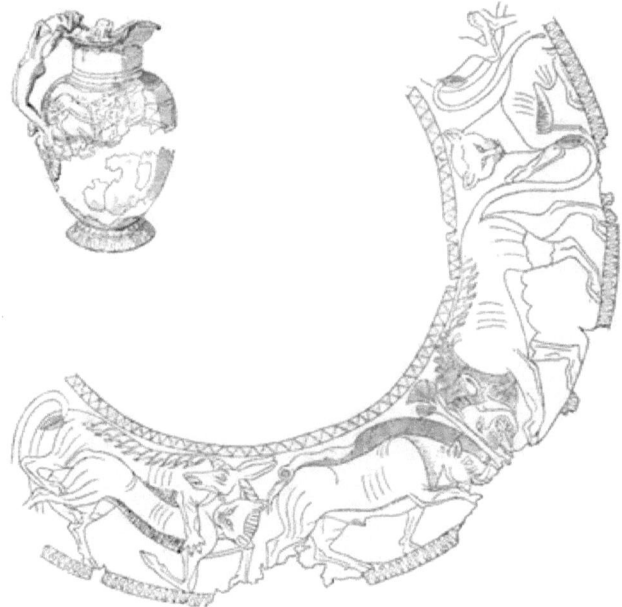

2) Die Karlsruher Vase ist von Wichtigkeit, weil sie mit Sicherheit zeigt, dass in dieser Kunstrichtung die aufgetragene weisse Farbe bei Frauenfiguren bisweilen fehlt. Ich hebe dies her-

stellung von jenen die Keramik beherrschenden Metallvorbildern zu geben. Es ist eine bei S. Ginesio bei Tolentino gefundene Bronzekanne, die auf dem Bauche einen Tierstreif in flachem Relief zeigt[1]) (Abbildung auf der vorhergehenden Seite).

Die Figuren sind nicht von innen herausgetrieben, so dass man nicht von eigentlicher Treibarbeit reden kann. Vielmehr wurden die Konturen nach der Ansicht eines Sachverständigen mit einem starken Schrotpunzen traciert und dann mit einem Flachpunzen gesetzt d. h. abgestuft und überschliffen. Die sehr sorgfältige und feine Innenzeichnung scheint geschlagen zu sein. Zu beachten ist namentlich die Art, wie die Muskulatur angedeutet ist, die feine Strichelung am Bauche und im Gesichte mancher Tiere, die Punktierung in den Ohren des linken Panthers zur Bezeichnung der hier zu beobachtenden feinen Haare u. a., Einzelheiten, die wir auch bei den zuletzt betrachteten Vasen häufig durch Gravierung angegeben finden. Und thatsächlich steht die Bronzekanne der ersten von Dümmler behandelten Gattung nahe. Man vergleiche nur den sitzenden, die Pranke erhebenden Panther mit entsprechenden Darstellungen jener Vasen. Auch die Lotosstaude begegnet uns häufig in diesem Kreise. Dagegen sind bei jener Gattung bisher keine Tierkämpfe nachgewiesen, wenn sie sich auch wahrscheinlich noch finden werden (vgl. Röm. Mitt. II, S. 180 f.). Auch die etwas in die Länge gezogenen Körperformen sind hier unbekannt. Können wir also die Bronzekanne auch nur als jener Klasse nahestehend bezeichnen[2]), so ist doch kein Zweifel, dass ähnliche Metallvorbilder auch auf jene Vasengattung eingewirkt haben.

Andere Zeugnisse dieser unteritalischen Metallindustrie sind eine Reihe von Bronzereliefs, die wir bei Besprechung der Reliefs von Bomarzo erwähnt haben. Schon dort

---

vor, weil neuerdings wiederum aus diesem Grund an den Amazonen der Amphora Mus. Greg. II T. 29, 2 gezweifelt worden ist (Deloraine Corey, de Amazonum antiquissimis figuris, Berlin. diss. 1891, S. 83, Anm. 1). Vgl. auch v. Duhn, Atti e Memorie etc. ser. III, vol. VIII, S. 17.

1) Vgl. Silveri-Gentiloni, Not. 1886, S. 41, Schumacher, Arch. Anz. 1890, S. 5, Karlsruher Bronzenkatalog, n. 527.

2) Die Kanne ist in einer tomba a fossa zusammen mit einem prachtvollen Bronzeeimer (Bronzenkatalog n. 632) und einer Reihe von Gegenständen gefunden, die aber sämtlich etwas jünger als die Kanne sind (vgl. z. B. die Silensmaske Not. 1886, S. 45, fig. G.). Löschcke bezeichnet den Eimer in seinem Programm „Boreas und Oreithyia", S. 10 als chalkidische Arbeit. Doch kann er ebensogut, wie auch die Kanne, einer nicht chalkidischen Kolonie Unteritaliens angehören. Z. B. enthält der Hinweis auf Tarent, den Silveri-Gentiloni Not. 1886, S. 48 macht, m. E. keine Unmöglichkeit, wie tarentiner Münz- und Terracottenfunde lehren (vgl. auch Helbig, d. hom. Ep.[2] S. 44 und Rend. d. R. Accad. d. Linc. 1889, S. 79). Die Verzierung des Eimers, die in gleicher Weise wie diejenige der Kanne hergestellt ist, zeigt übrigens dasselbe Princip wie die der Cisten. Die Palmetten-Lotoskette am oberen Rand ist abwärts gerichtet, diejenige am Fusse zweiteilig. Man beachte die Form der „Lotos"-blüten (Abbildung S. 77).

haben wir auf die engeren Beziehungen zwischen ihnen und der von Dümmler Grossgriechenland zugesprochenen Vasenklasse hingewiesen.

Auch das Karlsruher Museum besitzt einige archaische Bronzereliefs, bei denen man an grossgriechischen Ursprung denken kann. Es ist vor allem das wichtige Relief aus Canino (Bronzenkatolog n. 268, T. VI. 1), welches Furtwängler, Olympia IV, S. 104 für die Arbeit einer grossgriechischen Kolonie hält. Es ist älter als die eben erwähnten Reliefs und erinnert an manche red-ware-Darstellungen, die sicher ihren Weg von Kleinasien nach Sizilien und Unteritalien und von da nach Etrurien gemacht haben. Auch ein zweites noch etwas älteres Relief der Karlsruher Sammlung, das gleichfalls aus Canino stammt (Bronzenkatalog n. 269, Taf. VI. 2) findet seine nächsten Parallelen in sizilianischen Terracottareliefs, namentlich einer bestimmten Art von Kastenreliefs, die offenbar auch Metallverkleidung imitieren (bei Kekulé, Terracotten von Sizilien z. B. T. LV. 2 und andere des Karlsruher Museums). Schliesslich könnten auch die beiden ebenfalls in Etrurien gefundenen Bronzereliefs mit der schönen Palmette und den Löwen (Katalog n. 270) ganz gut von Unteritalien oder Sizilien eingeführt sein, wo sich das von mir reconstruierte Schema auf Terracotten öfters nachweisen lässt[1]). Doch vertreten die

---

1) Zur Zusammenstellung der beiden Reliefs zu dem umstehenden Schema führten mich folgende Erwägungen. Auf der einen Basis sind die Löwen verkehrt dargestellt. Da ein Versehen bei der Sorgfalt der ganzen Ausführung und besonderen Andeutung des Bodens ausge-

eben in Betracht gezogenen Reliefs des Karlsruher Museums, bei einer ganzen Reihe von Berührungspunkten mit der erwähnten Gattung von Bronzereliefs, doch eine etwas abweichende Richtung. In Hinsicht auf die Technik ist hervorzuheben, dass neben der Treibarbeit keine Gravierung angewandt ist.

Weiter kommen hier in Betracht eine Anzahl von Waffenstücken aus unteritalischen Gräbern, Arm- und Beinschienen, Rossstirnen und Rossbrustschilde, die meist mit bildlichem Schmuck versehen sind. Am reichsten sind sie in den Museen von Neapel, Karlsruhe und London vertreten. Da sie von Furtwängler, Olympia IV, S. 159 f. eine glänzende Behandlung erfahren haben, kann ich mich kürzer fassen. Man hält sie mit einiger Wahrscheinlichkeit für chalkidisches Fabrikat (Six, de Gorgone, S. 21, journ. of hell. stud. VI, S. 283 f., Furtwängler bei Roscher, Lex. d. Myth., S. 1714). Charakteristisch für die meisten ist die Vereinigung von Treib- und Ciseliertechnik. Ich gebe hier eine Zeichnung von dem vortrefflichen Schmuck einer Karlsruher Pferdebrust (Bronzekatalog n. 787, T. XXI), weil auf dem Lichtdrucke des Katalogs die Einzelheiten weniger deutlich zu erkennen sind. Das Relief ist ziemlich hoch, namentlich tritt der Kopf sehr stark

schlossen scheint, ist anzunehmen, dass die betr. Palmette abwärts gerichtet war. Für sich allein dürfte dies kaum seinesgleichen haben. Wir werden so dazu geführt, die beiden Reliefs zusammenzustellen. Als ich dieses mit den Originalen that, zeigte es sich, dass auf der zweiten Basis alle diejenigen Teile der Löwen fehlten, welche auf der Platte mit der abwärts gerichteten Palmette vorhanden waren und die beiden Basen nur moderner Ergänzung ihre Vollständigkeit verdankten. Es war dadurch der ursprüngliche Zusammenhang der beiden Platten gesichert. Übrigens sah ich später bei einem Besuche des römisch-germanischen Museums in Mainz, dass auch Lindenschmit die Nachbildungen in gleicher Weise hat zusammenstellen lassen. — Das Schema selbst ist ein uraltes. Wir finden es schon in der assyrischen Architektur, dann wieder in dem Kreise der mykenischen Kultur auf Steinfriesen, aber auch auf Elfenbein- und Smaltplättchen, die zur Flächenverkleidung dienten (vgl. Schliemann, Mykena, S. 109, fig. 151, Tiryns T. IV, Helbig, hom. Ep.[1], S. 73 f., Schuchhardt, Schliemanns Ausgrabungen, S. 141, 318, ἐφημ. ἀρχ. 1888, T. 8, n. 11). Da unser Relief ringsherum Nagellöcher zeigt, kann kein Zweifel sein, dass es auf Holz befestigt war, und zwar jedenfalls in vertikaler Richtung. Man kann an ein grösseres Möbel denken, aber auch an eine Thür- oder Wandverkleidung, wobei ich nur an die bekanntlich auch Metallverzierung nachahmenden Steinreliefs der Thüren tarquinischer und anderer Grabstätten erinnere (vgl. den Excurs b. Helbig, hom. Epos[2], S. 433 f., bes. S. 442, Furtwängler, Olympia IV., S. 104, auch die Palmette Mus. Greg. T. XVI). Eine ähnliche Sitte ist uns spez. von Syrakus überliefert (vgl. Curtius, d. arch. Bronzerelief aus Olympia, S. 2 und die Metall imitierenden Kastenreliefs bei Kekulé, die Terracotten von Sizilien, S. 46 f.).

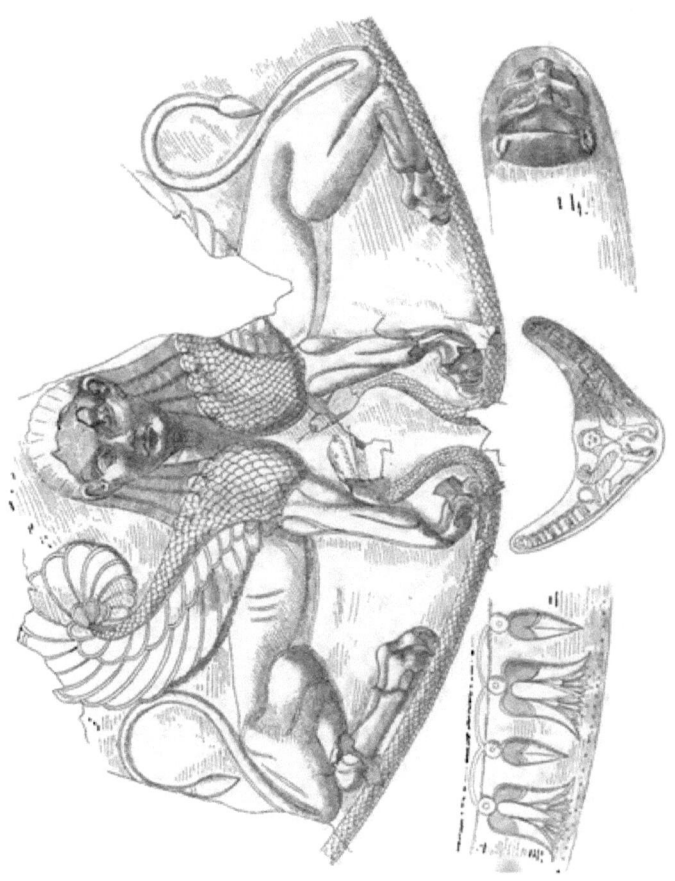

— 79 —

heraus, die Details sind sorgfältig graviert. Für die Datierung ist namentlich die altertümliche Form der Palmetten-Lotoskette zu beachten, welche noch sehr an die oben erwähnte assyrische Bildung erinnert (S. 40, vgl. Layard, Mon. of Nin., pl. 56). Eine zweite, ebenfalls in Karlsruhe befindliche Pferdebrust, die mit einem archaischen Gorgoneion geschmückt ist (n. 786), hat zwei gleiche noch besser erhaltene Gegenstücke in Neapel (Fiorelli, armi antiche n. 52, 53, aus Ruvo), deren Seitenteile mit Stieren verziert sind, wie sie gerade auf den besprochenen grossgriechischen Vasen öfters vorkommen [1]).

Noch wichtiger sind die zahlreich in Unteritalien und Sizilien gefundenen Helme mit Gravierungen, die ebenfalls Furtwängler behandelt hat. Dieselben zeigen in deutlicher Weise dieselbe Erscheinung, die wir bei der Betrachtung der grossgriechischen Vasen und Metallreliefs gefunden haben, dass nämlich zu gleicher Zeit verschiedene Kunstrichtungen nebeneinander blühen. Einerseits sehen wir eine Gruppe von Helmen, die mit einiger Wahrscheinlichkeit Kyme oder der chalkidischen Kunst zugesprochen werden können; ihr gegenüber steht eine zweite nach Form und Verzierungsweise abweichende Gruppe, welche bis jetzt aber nicht näher fixiert ist. Eine Zusammenstellung der letzteren, für uns durch ihre reicheren Gravierungen wichtigeren, hat Furtwängler, Olympia IV, S. 169 gegeben [2]). Leider sind meines Wissens bis jetzt ausser denjenigen der beiden Karlsruher Helme (Bronzenkatalog, S. 131) keine dieser Gravierungen publiziert. Ein Teil derselben reicht noch zweifelsohne hoch in das sechste Jahrhundert hinauf. Auch der eine Karlsruher Helm mit der Darstellung des Kampfes zwischen Löwe und Stier gehört

1) Man vergleiche auch die Stiere der grossgriechischen Vase Röm. Mitt. III, S. 175, fig. 6 mit denjenigen einer gravierten Bronzeplatte von Metapont Amer. journ. 1888, S. 28.

2) Ausserdem sind noch zwei Exemplare in Mailand zu nennen, eines in der Sammlung Ancona (vgl. Catalogo T. 1, n. 5) und eines in dem Museum Poldi-Pezzoli (vgl. Fondazione artistica Poldi-Pezzoli, Catalogo generale, S. 70). In der letzteren Sammlung, die eine kleine, wenig bekannte Kollektion von antiken Waffen hat, befindet sich auch ein Horn der in meinem Katalog n. 697 behandelten Helm-Gattung (vgl. Furtwängler, S. 169). Das von Furtwängler als ältestes angesehene Exemplar befindet sich jetzt im Privatbesitz in Baden-Baden.

noch dem sechsten Jahrhundert an, wie die Form der Palmetten-Lotoskette beweist. Wir wiederholen die Zeichnung dieser Gravierung (in natürlicher Grösse) zwecks eines leichteren Vergleiches mit der Abb. S. 79. Der andere Helm in Karlsruhe mit dem Stier-Eberkampf und Seebock ist offenbar um weniges jünger, was sich durch den Stil der Verzierung und eine kleine Veränderung der Form bekundet.

Diese Helmform dauert, nach den erhaltenen Originalen und den Darstellungen unteritalischer Vasenbilder zu schliessen, vom sechsten bis zum dritten Jahrhundert. Wir erhalten also durch die Gravierungen dieser Helme ein Parallelmaterial zu den besprochenen unteritalischen Urnen, die auch bis in das dritte Jahrhundert herabgehen (vgl. v. Duhn, Röm. Mitt. II., S. 271). Es besteht so die Hoffnung, dass wir diese unteritalische Graviertechnik mit der Zeit in ihrer Entwicklung bis zu dem Stadium der Ficoronischen Ciste verfolgen können. Um dieses zu ermöglichen, ist es aber vor allem nötig, dass die Gravierungen der besprochenen Helme in stilistisch getreuen Zeichnungen und mit genauer Angabe der Helmform veröffentlicht werden, wozu wir durch vorstehende Betrachtungen ebenfalls eine Anregung gegeben haben möchten. Erst dann wird es auch möglich sein, die aufgeworfene Frage, ob diese unteritalische Gravierkunst selbst in bemerklicherer Weise auf die lateinischen Cistengravierungen Einfluss gehabt hat, mit grösserer Sicherheit zu beantworten.

Verzeichnis der im Texte erwähnten Metallcisten.

ann. 1866, S. 151 f., n. 1 (Ficoron. Ciste) S. 14.
19. 23. 26. 28. 30. 31. 36.
37. 69. 71. 81
„ „ n. 2   71
„ „ „ 3   71
„ „ „ 4   71
„ „ „ 6   35. 50. 70
„ „ „ 8   71
„ „ „ 9   65—67. 71
„ „ „ 10   35
„ „ „ 12   51. 67
„ „ „ 15   12. 15. 16
„ „ „ 16   (Cista Napoleone) 13. 31. 36. 37
„ „ „ 18   18. 36. 67. 71
„ „ „ 19   14. 37 (Mon. IX T. 22. 23)
„ „ „ 21   27
„ „ „ 22   12. 14. 21. 28
„ „ „ 23   12
„ „ „ 27   11. 12. 28
„ „ „ 28   11. 28
„ „ „ 29   13. 28. 31
„ „ „ 30   12. 22
„ „ „ 34   67
„ „ „ 43   35. 50
„ „ „ 45   36. 67
„ „ „ 46   67
„ „ „ 47   35. 67

ann. 1866 n. 48   67
„ „ „ 49   36. 67
„ „ „ 50   35. 50. 67
„ „ „ 60   35. 36. 67
„ „ „ 63   12. 14. 17. 22
„ „ „ 64   22
„ „ „ 65   67
„ „ „ 70   (Silberciste von Praeneste) 18.
38—40. 43. 50. 51. 53. 54. 59. 72
ann. 1870, S. 331 f. (Mon. IX T. 22. 23)   14. 24
„ 1873. S. 221 f. (Mon. IX T. 58. 59)   13. 15
„ 1875. S. 164 f (Ciste von Moritzing)   61
„ 1881 T. P. 7 (von Tolentino)   46
bull. 1870, S. 101, n. 6   8—11
„ „ „ 102, n. 8   9
„ „ „ 102, n. 9   9
Mon. d. Ist. Suppl. T. XIII. XIV (bull. 1869,
S. 66)   11. 37
„ „ XV. XVI   12. 15
„ „ XIX. XX   9. 15
Zannoni, scavi della Certosa T. LXXX, 1—5
34. 36
„ T. LXXX, 6   33
„ T. LXXX, 8   34
„ T. CXLIX, 6   41
Gozzadini, Marzabotto (1879) T. 14. 4   41

Register.

Aegina, Schüssel von 54
Ätzverfahren 23
Amazonen 66. 75
Aretiner Vasen 73
Assyrische Kunst 40. 54. 78. 80
Atalanta-Peleusgruppe 9. 10. 16. 28
Attische Vasen, frühster Zeit 54. 63
„   „   schwarzfigurige 73
Bacchische Darstellungen 11. 13. 16
Badescenen von Frauen 6. 11. 12. 15. 18. 28
Bologna, Benaccigräber 42. 45. 46
 „ De Luca- „ 33
 „ Arnoaldi- „ 41. 42. 64
 „ Giardino Margheritagrbr. 29. 33. 34. 35
 „ Certosagräber 20. 42. 63. 64
 „ Gallische „ 19
 „ Thorrelief 47
 „ Grabstelen 21
 „ Museo Civico 29 (Gefässhenkel)
Bomarzo 57—60, 63. 67 (Bronzereliefs)
Bucchero-Vasen 48. 72
Cacus 70. 74
Caeretaner Hydrien 57. 74
Calenische Vasen 73
Canino 77
Canopensessel 50
Capua 68
Chalkidische Kunst 46—48. 68—70. 74. 76. 78. 80
Ciste a cordoni 42—48. 57
Cumae 46. 48. 68. 74
Dionysos, bärtig 13
Dipylonvasen 48. 56
Discerniculum 21. 22
Durchbrochene Arbeit 39. 51. 52
Eimer, siehe Situla
Elfenbeinciste 52, 55, 62, 63 (Chiusi). 56 (Menidi)
Eros mit Balsamarium, Hacke? 7. 27. 28
Este, Funde von 44. 45. 46. 62—65
Etruskisch-Kampanische Vasen 19
  „ „ Spiegelkapseln 67

Fächer 22
Falerii, Funde von 10. 21. 25. 26. 45. 46. 72
Feldereinteilung 51
Fibeln 6? 18. 19. 47. 55
Florenz, Museo Etrusco 26 (Krater 1944). 28
  (Bronzekästchen v. Chiusi). 36 (kleine Ciste)
Füllmasse 23
Füllornamente 51. 53. 54. 59. 63. 64
Gaukler 28. 29
Geometrischer Stil 41. 61. 62. 64. 72. 73
Geryones 70
Gigantomachie 59
Graviertechnik 23
Griffe von Cisten 8. 9. 10. 28. 29. 31. 68. 69
Gürtel 50
Haarbinde 22
Hacke 28
Helme mit Gravierungen 80. 81
Hochzeitsfeier 12
Kärnthen, Funde in 45
Kleinasiatische Kunst 40. 51. 54. 55. 57. 63. 74. 77
Korinthische Vasen 51. 54
„Laufender Hund" 60. 66
Lasa 18—22
Latinisch-griechische Vasen 13. 24-26. 71
Latinische Kunst 70. 71
La Tolfa 74. 75 (Vase)
Lederverzierung 49—52
Lötung 5. 68
Matrei 64 (Situla)
Marzabotto 41 (Ciste)
Megarische Vasen 73
Melische Vasen 54. 62
Metallarbeiten, ihr Einfluss auf die Keramik
  44. 45. 47. 48. 56. 61. 72—76
Metapont 80 (Bronzeplatte)
Moritzing 61, 64 (Ciste)
Muschelschale 28
Mykenische Kultur 17. 56. 57. 72. 78
Nidda 29 (Gefässhenkel)

Nikosthenes 73
Olympia 54. 60 (Bronzeplättchen). 57 (Griff einer Ciste?). 69
Oppeano 63 (Helm)
Paestum 60 (Kapitäle)
Palmettenband 41. 51
Palmetten-Lotoskette 7. 27. 40. 54. 59. 60. 66. 70. 76. 80. 81
Peleus-Atalanta siehe Atalanta
Pesaro 47 (Grabstelen)
Pfahlbauten 45 (Gefässe)
Pferderüstung 78—80
Phönikische Kunst 40. 47. 48. 51. 52. 55. 74
„Phönikische Palmette" 54
Polledrara 51
Protokorinthische Vasen (38). 54. 73. 74
Pyxis 41. 56. 57
Red-ware-Vasen 48. 72. 77
Regulini-Galassi-Typus 38. 45. 51. 52. 54. 74
Reliefvasen 25. 73
Rhodische Vasen 54. 60. 74 (balsamarien)
Ringer 8. 29
Silen 6. 16. 24. 34. 58. 67
Situlen 44 (Thon). 45. 57. 61—65. 76 (von Tolentino)
Sizilien, Funde von 46 (vorhellen. Thongefässe). 47 (Grabthüren). 77. 78 (Terracotten)

Spiegel, Geschichte 18—21. 25. 32. 70. 71
„ Darstellungen 6. 10. 17. 22
„ mit Badedarstellungen 11. 15
„ mit Lasen „ 18-21
„ mit Dioskuren-, „Kabiren" 20
„ mit willkürl. Zusammenstell. 14. 20
Suessula 68
Tarent 46 (Cisten). 76
Terracotten 59 (Unteritalien). 77, 78 (Sizilien)
Tierkämpfe 7. 27. 70. 76. 80
Tolentino 46 (Ciste). 76 (S. Ginesio, Bronzekanne und Eimer)
Treppenmuster 49
Unteritalisch-griechische Metallarbeiten 57—60. 68—81
Unterital.-griech. Vasen: geometrische 73
„ „ „ des VI. Jahrh. 57. 74. 75. 80
„ „ „ des III. Jahrh. 11. 14. 24. 26. 67
Urnen, Kampanische von Bronze 68—70. 74. 81
Veji 51, 54 (Wandgemälde der grotta Campana). 55 (Ciste oder cistenähnliches Geräte aus Elfenbein und Metall)
Vetulonia, Funde von 51. 54. 72
Vulci 35. 43 (Cisten). 51. 55 (Polledraracier). 65—67 (ovale Ciste). 72 (Bucchero-Gefäss)
Watsch 64 (Situla).

Druckfehler.

S. 13 Zeile 7 lies Mon. IX T. LVIII. LVIIII.
„ 15 Anm. 1 Zeile 2 lies Mon. IX T. LVIII. LVIIII.
„ 16 Zeile 28 lies Reiterinnen.
„ 21 Zeile 4 lies im Jahre 241.
„ 21 Zeile 7 lies T. 407.
„ 21 Zeile 8 lies T. 407.
„ 21 Anm. 2 Zeile 1 lies T. 412. 1.
„ 25 unterste Zeile lies med Romai.
„ 26 Zeile 3 streiche n. 22.
„ 35 Anm. 1 Zeile 3 lies T. 13.
„ 36 Anm. 2 Zeile 4 lies endigenden.

S. 37 Zeile 22 lies S. 339.
„ 54 Anm. 2 lies S. 243 f.
„ 55 Zeile 23 und 28 lies Chipiez **und beneath.**
„ 62 und 75 lies Anm. 1.
„ 64 Zeile 5 von unten lies ein Hauptcentrum.
„ 70 Anm. 1 Zeile 3 lies der auf.
„ 73 Anm. 1 Zeile 9 streiche das Citat S. 74.
„ 74 Zeile 9 ist der Deinos in d. Not. d. vasi dipinti rino. a Cumae 1856 T. XIII gemeint; vg. auch Furtw. Olympia IV, S. 136.

Die Zeichnungen sind von Herrn Zeichenlehrer **M. Dietz in** Durlach, die **Lichtdrucke** von der Hoflichtdruckanstalt J. Schober in Karlsruhe hergestellt.

Universitäts-Buchdruckerei von J. Hörning in Heidelberg.

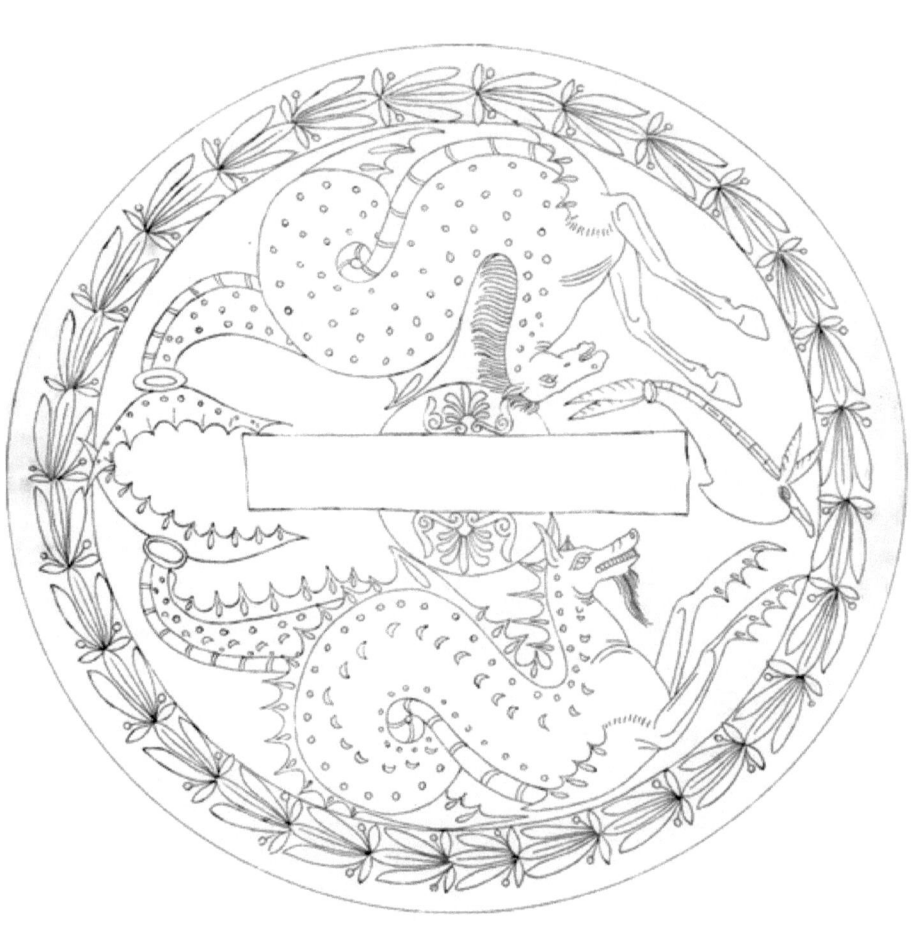